圆桌对面的孩子

——迷雾中的女孩

鞠慧 著

山东城市出版传媒集团·济南出版社

图书在版编目（ＣＩＰ）数据

圆桌对面的孩子.迷雾中的女孩/鞠慧著.—济南：济南出版社,2020.6
（中国好少年金盾丛书）
ISBN 978－7－5488－4217－0

Ⅰ.①圆… Ⅱ.①鞠… Ⅲ.①青少年犯罪—案例—中国 Ⅳ.①D922.183.5

中国版本图书馆 CIP 数据核字（2020）第 088050 号

中国好少年金盾丛书
圆桌对面的孩子:迷雾中的女孩　鞠慧 著

出 版 人	崔　刚	
图书策划	郭　锐	
责任编辑	丁洪玉　张　倩	
封面设计	焦萍萍	
封面绘画	王桃花　杨如茵	
内文插图	王桃花　杨如茵	
出版发行	济南出版社	
地　　址	山东省济南市二环南路 1 号（250002）	
电　　话	（0531）86131730	
网　　址	www.jnpub.com	
经　　销	各地新华书店	
印　　刷	山东省东营市新华印刷厂	
版　　次	2020 年 7 月第 1 版	
印　　次	2020 年 7 月第 1 次印刷	
开　　本	150 毫米×230 毫米　16 开	
印　　张	10.5	
字　　数	105 千	
印　　数	1—3000	
定　　价	48.00 元	

法律维权　0531－82600329
（济南版图书,如有印装错误,可随时调换）

这不是一张普通的圆桌（代序）

李厥瑞

　　鞠慧女士是一位非常有责任感的作家，她长期从事青春文学的创作，佳作颇丰，屡获大奖。在第21个"世界读书日"，鞠慧女士代表济南市作家协会向山东省在押的未成年犯赠送了自己的作品，并且发表了热情洋溢的讲话，鼓励未成年犯好读书，读好书，展现了一位作家的爱心和良知。她曾赠送我两本书，一本是《丁香季》，一本是《幸福列车》。细细品之，萌动的青春气息扑面而来；幸福的烦恼，叛逆的躁动，活跃于灵动的文字间；"心理断乳"形成的暴风骤雨，成长的阵痛，令人回味思索。为青春讴歌，为明天唱响，正是时代的最强音！

　　然而，人类历史再灿烂，未来再梦幻，一块伤疤仍然隐隐作痛，因为文明需要付出代价，美丽需要丑陋作为背景。历朝历代都有消灭犯罪现象的企望，但犯罪如影随形，特别是未成年人犯罪问题正成为世界性公害。

作者第一次涉足犯罪题材，没有猎奇探秘，没有渲染夸张地去博眼球，没有功利地生编硬造、捕风捉影，而是以"圆桌"为基点，以真实的事件和人物，接入"地气"，深度思考，以小见大，剥茧抽丝，从感性入手，以理性升华。在当下泛滥的学术浮躁和空虚之中，作者能真正俯下身子，踏踏实实地做一件实实在在的事，一件对预防未成年人犯罪有益的事，也是一个作家的情怀使然。

"圆桌审判"是现代少年司法制度的重大改革，在公诉庭审过程中，公诉人、审判人员、法定代理人、指定辩护人与未成年被告人同坐一圆桌，控、辩、审三方与未成年被告人进行"零距离"对话，以缓解未成年人参与刑事审判的恐惧和抵触心理。未成年人犯罪与成年人犯罪的显著不同在于，未成年人的犯罪归因多源于客观，而成年人主观故意居多。未成年人之所以犯罪，管教监护责任的缺失是重要因素。而成年人犯罪，则往往是咎由自取。输在起跑线上，固然可悲，但跌倒了爬起来，后来也可以居上。对未成年人犯罪宽容而不纵容，对犯罪的未成年人最大可能地予以司法保护，是经司法实践证明的最有效模本。"圆桌审判"一改法庭森严的压力，使审判动之以情，晓之以理，导之以矩，不失法律的严肃，体现人文关怀，保护未成年人的权益，代表刑事诉讼的文明方向。小小圆桌上的话题，个个都是沉重的，作者以"新闻眼"敏锐地观察到了其中蕴含的精神动能，特别是警示的震撼力，她以自己的所见、所感、所悟，用纪实文学的手法，将文学欣赏和法制教育融合在一起。那一个个活生生的案例，不论是对青少年还是对家长、对社会，都有很好的警示和教育作用。开卷有益，令人耳目一新，入心入脑。

这是一部关于未成年人犯罪问题的文学力作，作者以女性的细腻洞察力，对 16 个案例进行了透彻分析，语言生动，脉络清晰。更重要的是，书中融入了作者对下一代健康成长的关爱和责任，看似冷冰冰甚至血淋淋的事件，读起来却有温度，令人有一种使命般的担当冲动。

未成年人犯罪都是"因小失大"酿成祸患，看似很小的一件事情，却可能引发"轩然大波"。仅仅是怀疑别人盗东西，便去网上"人肉"搜索，使舆论旋涡中一个花季少女从九楼跳下；为了一双红色高跟鞋，满足虚荣之下的贪婪，女孩伸出纤纤细手沦为盗徒；不堪打骂，惊梦之后，儿子杀死酒鬼父亲……这些案件的背后，是社会、家庭、学校，文化、教育、管理等方面的种种缺失，孩子"欠"别人的，我们却"欠"了孩子的。

党和国家高度重视未成年人的犯罪问题，社会各界在犯罪防范方面做出了不懈努力和积极探索。习近平总书记指出，十年树木，百年树人。祖国的未来属于下一代。做好关心下一代工作，关系中华民族伟大复兴。我们期待明天会更好！为下一代的健康成长做一点事情，正是你我他的共同担当。

我为作者的真诚与用心所感动，因为我们做的是同一件事情，我们的前进方向是同一个目标。所以，我才拿起了笔，算是为作者鼓与呼吧！

（李厥瑞，山东省未成年犯管教所所长，山东省法学会青少年犯罪研究会副会长）

前 言

　　每参加完一次少年审判法庭的庭审，我的内心都无法平静，脑海里来来回回翻滚的，是一张张孩子的面孔。

　　每个孩子脸上的表情各不相同，或茫然，或羞怯，或悔恨，或无所谓。而那些家长，木讷、愤恨、心痛、无奈、伤心……各种各样描述不清的表情与心境。

　　每一张面孔后面，都有一个不该发生的令人心痛的故事。那些面孔和那些不该发生的故事，像电影一样在我眼前上演。谁是这个片段的主角？谁又是另一个片段的主角？每一个孩子，他们生长在怎样的家庭，他们成长的轨迹，他们的长相，在我脑海里都清清楚楚，从来没有被混淆过。

　　生活中，我是一个有中度脸盲症的人。之前曾经见过的人，可能是一起开过会、一起吃过饭的人，等到下次再相遇的时候，我却记不起对面微笑着打招呼的那个人到底是谁，我们到底何时在何地相见、相识。有时，我甚至觉得对面的那张脸，完完全全是陌生的，脑海里对其没有半点印象。为此，我常常很尴尬，也很苦恼。久而久之，我在公众场合便不太敢与别人对视，怕跟眼前这个人曾经有过交集，自己却完全把他当成陌生人，这是很不礼貌的。

不知道为什么，圆桌对面的那些面孔，虽然只是一面之交，虽然和他们相处的时间很短暂，但他们的面孔却深深地印在了我的脑海里。那一张张看起来或羞怯或平静或无助或茫然或无所谓的稚嫩面孔，就在眼前。连我自己都感到奇怪，公认的记性不好的我，在对待圆桌对面的那些孩子时，为什么突然就有了这么好的记性呢。

这套书，都是真实案例。刚开始写的时候，我想写20个案例，把20个不同事件告诉大家。有时我会想，但愿永远也不要有这20个，哪怕我是法官，哪怕我会失业，也不要有这20个。然而，现实是残酷的。短短几年时间，我的庭审笔记本就满得难以再盛下任何文字，就如我的心一样。

为了更好地了解这些孩子的成长经历和心路历程，我申报了中国作家协会定点深入生活项目。很荣幸，这个选题成为当年山东省作家协会向中国作家协会申报的定点深入生活项目中，唯一一个获得中国作家协会专家评选后审批立项的选题。之后，经过各种周折，在一位有三十多年未成年犯管教经验的王长征警官的支持和帮助下，我顺利地进入山东省未成年犯管教所，开始体验生活。

案例的书写过程，也是我对一个个失足少年的所作所为进行回忆梳理的过程。那些稚嫩的面孔，在我的脑海中穿梭。我的心情，便再也无法平静。

我从未如此痛苦地去写一本书。

但我想，如果这本书能够引起曾经走过弯路的孩子的思考，能够让正在学走路的孩子，不再像这些孩子一样跌倒，那这一切就都是值得的。

我们的这些孩子，这些不幸坐在圆桌对面的孩子，原是阳光一样的花季少年，本该在知识的海洋里愉快地徜徉，在社会和家庭中感受爱与温暖，在父母的呵护下愉快地成长。他们就像田里的小苗，接受阳光、雨露的滋润，理应幸福快乐地茁壮成长。

可是，这些孩子却不幸来到了这里，来到了少年审判法庭，坐在了圆桌的对面。尚显稚嫩的双手，被冰冷的手铐牢牢地铐住。孩子，这不是你想要的，也不是你的父母亲朋想要的，就连我们这些素不相识的人，也同样不想看到你这样啊！

残酷的现实，任何人都无法更改。除非，在事情发生之前，你能正确地认识社会，认识朋友，认识自己；在做那件事之前，你能想到后果，想到将来，想到自己的人生之路。

于是，我就想把这些孩子的足迹记述下来，让他们回过头来好好看看，自己到底是在哪一段路上，误入了歧途。同时，也让这些孩子的家长、老师想一想，自己是在哪里，在孩子最应该得到呵护和关爱的时候，没有好好地保护他们。此外，也想让更多正在学走路的孩子少走偏路、弯路，让他们知道，前方的路应该如何去走，才不会跌倒。

即便是成年人，在人生的道路上，也难免会有一刹那的迷失，更不用说孩子了。那一桩桩案例，那一个个与鲜血和泪水糅在一起的事件，到底为什么发生？是因为孩子的无知、好奇、冲动、顽劣，还是因为家长和学校的关爱不够、沟通不畅、措施不当？

希望这些活生生的流淌着血与泪的案例，能让孩子们在即将迷失的一瞬间，猛然惊醒，重新走回正确的人生之路上来。

任何疾病都是可以预防的，犯罪，也是一种病。

在本书的采访、写作及出版过程中，我有幸得到了山东省未成年犯管教所、山东省女子监狱、山东省法学会青少年犯罪研究会、中国作家协会、山东省作家协会、济南市作家协会、济南市中级人民法院、济阳区人民法院及济南出版社的领导、朋友们的大力支持和帮助。在此，一并致谢！

鞠慧

2020 年 5 月

目录

钮英豪档案：

钮英豪，男，小学文化。身高 1.75 米左右，体形偏瘦，长方脸。不爱说话，回答提问时简单、直接。因盗窃罪，被刑事拘留。案发时，钮英豪 17 岁零 10 个月。

专吃窝边草的"兔子"

关键词：

盗窃　离家出走　辍学

案件回放：

钮英豪童年时，偷拿了邻居家一条烟。事发后，钮英豪遭到了爸妈的殴打。钮英豪没有悔改，每次偷东西被发现，都要遭到爸妈的殴打。爸妈下手狠了，钮英豪就离家出走。一次在村里的药店盗窃时，钮英豪被抓获，后被起诉。

一

开庭时间定在九点半。九点二十五分，我和另一名

圆桌对面的孩子·迷雾中的女孩

001

陪审员，随审判长从法官通道进入审判庭。

此时，两名年轻检察官已经坐在了公诉人的位子上；书记员在忙着准备材料，敲击键盘的声音细密而流畅。

九点三十分整，随着审判长的一声"把被告带上法庭"，走廊里传来了链形金属细碎的撞击声。那响声节奏缓慢，由远而近。

我知道，被告正被法警从审判庭斜对面的临时羁押室带过来。

要是在别处，这声音并不算难听，甚至还有点悦耳；可是在这个特定的地方，却另有一种不同的意味。

法庭上的每个人都知道，那是被告脚腕上的脚镣发出的声音。是因为脚镣太沉重了，还是因为不愿走上被告席？被告走的每一步，都很缓慢。那声音便也是响起、中断，再响起、再中断。

临时羁押室距离少年审判庭不过十几米的距离，但那时断时续的金属撞击声，却似乎响了很久。

作为有着近八年陪审经历的法院人民陪审员，我对这种声音，已经非常熟悉了。但每每听到从走廊上传过来的声音，我依然忍不住随着那一声声金属的撞击声，一阵阵地心疼。即将进入法庭的这个孩子，尚未成年。

因为盗窃，钮英豪被公安机关抓捕后，被检察院提起诉讼。在未成年犯罪中，盗窃是最常见的案件。但每一宗案例，又都有不同的起因与结果。每一个案件的主角，几乎都有一段不堪回首的成长经历。

之前看过卷宗，可我并不知道，这个名叫钮英豪的十七岁男孩，又是因为什么走上了这条路，最终戴上了手铐脚镣，走进了少年审判庭，坐在了被告的位置上。

我把起诉书放在手边，抬头望着法庭的后门，等待着那个孩子出现。

那是一个有点瘦的男孩，身高一米七五左右，普通身材，普通长相。一眼看过去，实在看不出他跟那些走在街上的初中生有什么区别。如果是在街上相遇，也许并不会多看他一眼。

但仔细瞅，还是看出了他与别的孩子不一样的地方：从走进法庭的那一刻起，他的脑袋始终低垂着，眼睛盯着面前审判桌的某个点，一动不动。刚剃过不久的光头，头皮发亮。显然，这也不是他这个年纪应该有的正常发型。

一左一右两名法警架着他的胳膊把他带进来的时候，我习惯性地看向他的身后。以往，紧随未成年人而来的，是紧绷着脸的父亲和抹着泪水的母亲。

可是，这个男孩身后，我却只看到了空荡荡的走廊。

前边的法警把钮英豪按在了被告的椅子上，后边的法警随后关上了审判庭的门。

他的爸爸妈妈呢？难道这个孩子是孤儿？

二

钮英豪即便没有父母，难道也没有兄弟姐妹，没有叔伯姑姨爷爷奶奶吗？为什么庭审时间到了，他的监护人竟没有一个到场呢？

一般开庭的时候，被告大多已经被羁押了一段时间。大多数父母亲人掰着指头算着开庭的日子，早早来到法院，等在少年审判庭门口，只为了能尽快看到孩子，多看一眼孩子。

我参加过的庭审中，只有一个孩子的监护人在开庭的时候没有到庭。他家在外地，在他只有一岁多的时候，父母离异，母亲离开了家乡。从那时起，他再也没有见过母亲。他的父亲在广州打工，几年也不回来一次。那次开庭，也没有监护人和辩护人到庭，于是法院为他聘请了公益律师代为辩护。

从起诉书上看，钮英豪的家就在距此不到十公里的镇上。为什么他走下警车时，没有家人在等呢？法庭上，也没有律师的身影。

审判长问书记员："钮英豪的父母呢？你给他们打过电话吗？"

我知道了，钮英豪是有父母的，并非孤儿。

"早晨一上班就给他们打过了。我再打一个试试。"年轻的女书记员小许把目光从面前的电脑显示屏上拉回来，看着审判长，不急不缓地柔声说道。

小许是一个温和的女孩，不管跟谁说话，从来都是轻声细语，但她打字的速度，却很是让我羡慕。

审判长对男孩的父母迟到有些生气："这样的事都不急，还有啥事比这更急？我们这么多人都在等他们！"

审判长着急，我能理解。案子太多，有时一位审判长一天要参与三四个庭审，而且还要看卷宗，去当事人家里走访，案子审完之后，还要写判决书。再说，参加儿子庭审这样的事都会迟到，太不可思议了。即使书记员不打电话，起诉书他们也应该早就收到了啊。开庭的日子，难道他们会忘记？难道他们不会提前计划好行程？还有什么事，比这事更重要呢？

"他们说刚从家里往外走，再有半个小时才能到。"书记员站起来，对审判长说。

审判长无奈地叹了口气，对公诉人和陪审员说："只能等了，监护人不来，咱们也没法开始啊。"

审判长翻阅着不知看了多少遍的卷宗；公诉人把那纸起诉书翻过来倒过去地看了一遍，又放下，然后跟另一名公诉人低声说着什么；被告低头看着自己的双手，手腕上是那副亮得刺眼的手铐；被告身后一左一右的两名法警正襟危坐，表情严肃；我和另一名陪审员都端坐在宽大的高背法椅上。此时此地，任何行动和语言好像都是不合适的，唯一能做的，只有等待。

难道钮英豪的父母是因为他不听话，不愿来见他？以往也曾发生过庭审结束后父母打骂孩子的情况，但那种打骂哭喊，也是带着感情的。一个犯了错的未成年人，牵动着社会上多少人啊！而钮英豪的父母，难道会因为对犯了错的亲生儿子生气或别的什么原因，迟迟不来参加开庭？

三

听到审判庭门口有动静，大家的目光一齐投过去。门开了，进来的却是一个二十六七岁的女性。她冲门口摆了摆手，一位年纪跟她差不多，怀里抱着小孩的男士在门口停住了脚步。她微笑着自报家门，脸上的表情轻松愉悦，好像此刻她是在逛商场或者在哪里游玩，而不是在庄严的法庭上。她说自己是钮英豪的姐姐，门口的那个男人是她丈夫，那个小孩是她的孩子。她说她和丈夫在县城开了一家店，今天为了来参加庭审，店都关了。她还说她的爸妈正在来这里的路上，是骑摩托车来的。

钮英豪快速瞟了姐姐一眼，目光重新落到双手上。

而钮英豪的姐姐，竟然看都没看这个几个月没见面的弟弟一眼，甚至连脸都没朝被告的方向转一下。经审判长同意，她在辩护人的位置坐了下来。

审判庭里，除了书记员敲击键盘的声音，再没别的声响。空气变得沉闷，这里本来就是一个让人感到压抑的地方。庭审开始的时候，各种声音也许可以稍稍打破这种压抑与沉闷，但有时也不一定。

进入审判庭后，我就把手机调到了静音模式，放在了包里。我想知道时间，可又不想随便把手机拿出来。毕竟，法庭是一个严肃的地方。

钮英豪的姐姐坐下后，从口袋里掏出手机，不知是在玩微信还是 QQ，脸上的表情时而欣喜，时而惊讶。紧接着，手机发出了一连串的叮咚声。直到书记员站起来，重新宣读了一遍法庭纪律，钮英豪姐姐的手机才不再叮咚乱响，但她的十指仍飞速地在那部粉红色手机上操作着，眼睛也始终没有离开过手机屏幕。

时间像是凝固了。在这不方便谈案情更不方便聊天的法庭上，每一分钟都变得十分难挨。

终于，审判庭的门再一次被推开，钮英豪的父母到了，他们迟到了整整四十多分钟。他们没有任何解释，也没有向在座的任何人表达一丁点儿的歉意。

四

审判庭的门响起的那一刻，钮英豪瞬间把头扭过去，尽管扭动的幅度很小。目光与父母撞到一起的时候，他的眼睛一下红了。他微微低下头，抬起手，抹了一下眼睛。钮英豪的头没有再抬起来，眼睛却再一次瞟向父母，然后快速移开，重新抬手抹了一下眼睛。我清楚地看到，钮英豪的目光碰到的，是那两张面孔和那两个身体，钮英豪投过去的目光，并没有遇到目光。他的目光所碰到的面孔，也只是侧面。

钮英豪的父母此时盯着的，是那两把空着的椅子，而非他们的儿子。好像他们不紧盯着那两把椅子，椅子就会飞走似的。

隔着不大的圆桌，我看到钮英豪嘴巴紧紧抿着，眼睛通红，但他的眼泪没有落下来。

钮英豪的父母在监护人的位置上坐下来。他们表情平静，没有激动，没有恼怒，也没有痛惜，更没有像他们的儿子那样，在见面的一刹那，泪水涌上眼眶。任何以往在这里发生过的事，都没有在这对中年夫妻身上发生。即使落座后，他们也没有朝被告的方向瞟上一眼。

钮英豪的爸爸身高将近一米八，单从五官和脸型上看，算得上是耐看的那种男人。那是一张棱角分明的脸，脸颊和眉眼间却像是挂着一层洗不掉的灰尘。理得很短的平头，也像是落了一层灰。落座后，他的目光在每个人身上扫过，但扫到儿子钮英豪时，却忽地一下跳过去了。

钮英豪的妈妈头发花白零乱，上身穿了一件颜色很艳的化纤质地花上衣，脖子上系了一条花色杂乱的丝巾。她貌似无辜的眼神，好像不知应该在何处停留似的。她一会儿望着审判长，一会儿看着公诉人，一会儿又朝向陪审员。但那目光，却一次也没有落在该落的地方——与她只隔着一个座位的儿子。

　　面对公诉机关的指控，被告钮英豪毫无异议。大部分时候他都低着头，很少说话。即使在审判长和公诉人对其做讯问的时候，他的回答也很简短。

　　而每次钮英豪说出"无异议"三个字的时候，他的父母都面无表情。而他的姐姐则时而冷笑，时而又满脸掩不住的兴高采烈。她有时会插一句："哼，'无异议'，他知道那些钱到底是多少吗？他识数吗？"她有时又会冷不丁地带着满脸的不屑说一句："哼，他懂啥呀！"

　　跟以往参加庭审一样，从被告被带进来的那一刻起，我就认真观察他的表情。庭审的时候，他的一言一行，哪怕一个微小的动作，我都不会放过。从我对钮英豪的观察和他在法庭上的表现来看，他的智商并没有什么问题。

　　可他的姐姐为什么会这样说他呢？

　　自 2013 年 7 月到 2016 年 10 月 20 日，三年多的时间里，钮英豪先后作案八起，涉案金额共计人民币 9000 多元。在这八起案件中，有六起被盗者是本村的邻居，还有一起是亲戚，另一起是开在村边的一家药店。也正是在村边药店的这次作案，他被抓捕、被羁押、被起诉，直至被带上了法庭。

本案事实清楚，证据确凿，控辩双方均无异议。

庭审没费什么周折，走完该走的程序，随着审判长手中的法槌用力一击，庭审结束。审判长宣布休庭。

两名法警一左一右架起钮英豪，朝庭外走去。

此刻，坐在辩护人和监护人位置上的钮英豪的爸爸妈妈和姐姐，没有一个人起身。他们甚至都没有朝那个方向看一眼。

五

签完字，钮英豪的爸爸妈妈和姐姐却没有马上要走的意思，继续在椅子上坐着。

"兔子还不吃窝边草呢，你看，他专偷认识的人，邻居家，亲戚家，真是陪着他丢尽了人。"钮英豪的爸爸说着，掏出一支烟来，正想点燃，被书记员及时制止了。

"他是从多大开始……开始这样的呢？"我谨慎地斟酌着措辞，生怕不小心伤害到他们。

"多大？头一回的时候，也就十岁吧。"钮英豪的妈妈抢着说。

十岁？卷宗里记载的，只有他近三年的盗窃记录。

"净瞎扯！"钮英豪的爸爸扭头瞪了钮英豪的妈妈一眼，"不是偷烟那回吗？刚刚上学，能有十岁？"

"谁说是刚刚上学？我记得是十来岁。"钮英豪的妈妈不满地嘟囔着。

"你记得？你跟他一样，有脑子吗？真是有病！"钮英豪的爸爸撇了撇嘴，有些不屑地说。

"你才有病呢！你有脑子，你记得就一定准？"钮英豪的妈妈不服气地说。

对于他们夫妻俩的争吵，我并不觉得稀奇。刚才庭审的时候，他们为了一句无关紧要的话，也差点吵起来。审判长制止了两次，都没能让他们停下。直到审判长敲击了法槌，他们才停止了争吵。

审判长问他们："事情既然已经发生了，案发的时候，钮英豪是未成年人，你们作为钮英豪的家长，是否愿意赔偿受害人的损失啊？"

没想到这次他们夫妻俩的意见却是出奇地一致。

"不赔！"钮英豪的妈妈抢先说。

"哪有那么些钱帮他赔？"钮英豪的爸爸接着说。

钮英豪的姐姐笑起来，很轻松愉快的样子，像是在讲一个令人愉悦无比的故事："他自己作的，就让他自己承担呗！"

"如果你们能赔偿受害人的经济损失，获得受害人的谅解，合议庭在量刑的时候，会减轻处罚的。钮英豪还年轻，家长和社会能做的，就是要尽力挽救他。"审判长说。

"你们爱判他几年就判他几年，要不然出来也是个祸害。"钮英豪的妈妈咬牙切齿地说。

"他不是你的亲生儿子？"我忍不住问。

"还不如不是呢！唉！"钮英豪的爸爸说。

"一家人陪着他丢尽了脸！你们是不知道啊，他专门偷最熟的人家。我有个朋友，也是同学，本来一直处得挺好，都处一年多了。没想到的是，他就偷了人家。从那时起，人家家里就不愿意让他跟我处了。你想，谁家愿意跟有小偷的人家结亲啊！嘻，真是没法说呀！没法说！"钮英豪的姐姐轻轻地摇了摇头。

从进审判庭到离开，钮英豪的姐姐语气和表情一直这样，时而轻蔑不屑，时而兴高采烈——感觉那是发自内心的欢喜啊！

姐姐，应该是除父母之外最爱弟弟的人了吧？我实在想不明白，轻蔑不屑勉强可以理解，那兴高采烈到底从何而来呢？难道，就因为钮英豪曾经偷过她男朋友家的东西吗？

六

门口有人喊审判长过去一下。

庭审结束后，检察院的两位公诉人和法院的另一位陪审员也都离开了。此时，审判庭里只剩下钮英豪的父母、姐姐，还有我和书记员。

想到钮英豪的妈妈说他第一次拿别人的东西，是一条香烟，我问他们："他那么小，偷烟干啥？当时你们没问他？"

"谁知道他偷烟干啥？他就是手痒，欠揍吧。"钮英豪的爸爸又撇了撇嘴。

钮英豪第一次偷邻居家香烟的时候，还不到十岁。他偷的不是自己想要的零食、想玩的游戏机，而是一条香烟。那么小的一个孩子，自己肯定不抽烟啊。

"他偷了以后，不敢往家里拿，就埋进了村边的一堆沙子里，后来去找，也没找到。"钮英豪的妈妈有些生气地说，"我又花钱买了一条烟，还给了人家。"

"你当时没问他为啥拿人家的烟吗?"我把目光又转向钮英豪的妈妈,问道。

"还用问为啥?拿人家的东西就是不对,就是偷。不管咋的,都不行。俺家里的人,可一点也不护着自己的孩子。那回,我跟他爸爸,可是没轻揍他。他就是这样的孩子,越揍越偷,揍得厉害了,就跑出去,十天半月都不回来。"钮英豪的妈妈说。

"还不都是让你惯的!"钮英豪的爸爸看都不看妻子,"那回打他,你嫌打得厉害,还在地上滚着爬着不让我打。要是头一回把他打怕了,看他还敢不敢再偷。"

"啥事都怨我!那时候他那么小,你能往死里打?再说了,往后你再打他,我拦过吗?"

钮英豪的爸爸瞪圆了眼睛,猛地从椅子上站了起来。

我看到钮英豪的爸爸又要发火,就冲他摆了摆手,示意他冷静。

钮英豪的爸爸这回没再发作,他看了我一眼,然后慢慢地坐下了。

"他跑出去,你们不去找他回来?"我问他们。

"开始的时候也找,找回来狠揍一顿,能老实十天半月的,可不定啥时候,就又跑了。家里那么忙,谁有空整天到处找他啊?反正找回来过不了多少日子,他还是会跑。他愿往哪去就往哪去吧,往后也没人再找他了。"钮英豪的爸爸说。

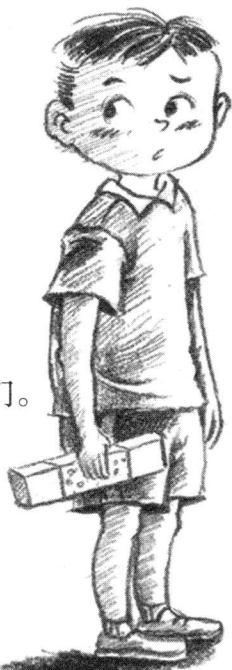

"他还未成年，整天到处跑，你们就放心？"我问。

"有啥不放心的。他从小就往外跑，饿不死，过些日子就回来了。"钮英豪的妈妈说。

"养孩子，哪能只是饿不死的事啊。"我说。

"还不如饿死了呢，饿死了还不到处作，到处惹祸呢！"钮英豪的妈妈又说。

"他还未成年，不上学，也不工作，这个年龄精力又旺盛，像他现在这样，有时分不清对错，能不到处惹是生非？"我说。

"他不上学，可不是俺不让他上，是他自己不愿意上，小学都没上完。"钮英豪的爸爸说着儿子，不知怎么又捎带上了妻子，"像他妈一样，不愿上学，不认个字，不识个理的。"

没等钮英豪的妈妈回话，他的姐姐先抢过了话头。

"哎呀，你是不知道啊，本来还想让他在我的店里帮着干点活呢，也省得他整天到处狼窜，哪知道干了不到两天，没人影了。"钮英豪的姐姐说着，又兴高采烈地笑起来。

七

一直也无法厘清钮英豪一家人的情感脉络，在这一家人身上，有那么多不可思议的言行。

后来，我跟审判长就这个案子进行了交流，了解到了许多庭审时无法了解的东西。

我问到钮英豪第一次盗窃了一条烟的事，审判长的话让我心里忍不住一阵难过。

十年前的那一天，钮英豪放学刚到家，爸爸说没烟抽了，想去买包烟。可妈妈不让爸爸买，为这件事，爸爸妈妈还打了起来。

那天中午，他去邻居家喊同学一起上学，同学家里大门开着，屋里没有人。巧的是，他在邻居家客厅的电视机后边看到了一条烟。他好像什么也没想，抓起那条烟，就揣进了衣服里。

可是等走出邻居家大门时，钮英豪越想越害怕，越想越后悔。他转回身，想把那条烟送回去。

快跑到邻居家大门口的时候，他听到有人喊他的名字。不用看他就知道，喊他的那个人，是同学的妈妈，也就是邻居家的女主人。

他一下站住了，不知该往前走还是该往后退。同学的妈妈问他跑那么快干啥，他憋红了脸也没说出一句话来。他转回身，朝自己家的方向跑去。

他看到了自家的大门，看到了正在扫地的妈妈。他突然站住了，抱紧上衣，朝村外跑去。

那次，爸爸妈妈轮番打他，爸爸把他吊在院子里的枣树上，用玉米秸抽他。

打那以后，他就不怕挨打了。

等长大了一点，再要挨打的时候，他就跑出去，几天都不回家。开始的时候，爸爸妈妈还到处找他，找回去以后又免不了一顿打。后来，他们就不找了。他就一天到晚到处游荡。

有钱的时候，他就去外边的游戏厅打游戏，有时在一个游戏厅里一待就是十几天。没钱的时候，他就跑回村里去偷。

那个普通又不普通的中午，对那个不到十岁的孩子来说，那条普通的香烟，是否真的就是导致他走上邪路的第一步呢？

起诉书上的文字闪现在眼前：钮英豪，男，汉族，小学文化，生于 1999 年 12 月 20 日，住山东省济南市 × ×县××镇××村×××号。因涉嫌盗窃，于 2016 年 10 月 20 日晚 21 时 15 分被刑事拘留……现羁押于济南市 × ××看守所。

1999 年出生的钮英豪，确实属兔。

2016 年 10 月 20 日案发时，距离钮英豪十八岁成年仅差两个月。

庭后絮语：

第一次偷拿邻居家香烟的时候，钮英豪不到十岁。

年幼的钮英豪，虽然知道偷拿别人的东西是不应该的，但因其认知能力还不像成年人那样健全和完善，他还不清楚这件事的性质，对其后果更是预判不足。于是，为了能让爸爸有烟抽，他把邻居家的烟藏在了怀里。

当时，年幼的钮英豪这样做，也许是因为觉得好玩，也许是想给爸爸一个惊喜，也许是心中一闪的那个恶作剧的念头。无论是什么原因，钮英豪最终做了这件事。那时的钮英豪，肯定不会想到，这样做是犯罪。

如果这件事发生后，钮英豪的父母能理性地把问题的严重性及后果讲清楚，告诉钮英豪什么是对的，什么是错的，什么是绝对不应该做的，也许钮英豪之后的路会是另外的样子。

如果说钮英豪的父母没文化，对子女的教育方式方法有问题的话，那么钮英豪的姐姐应该是有一定文化的，她后来能自己开店，也说明了这一点。然而，那件事发生后，钮英豪的姐姐也没有及时地对他进行引导和关爱。

从整个庭审过程中不难看出钮英豪的父母和姐姐对他的冷漠，一家人之间关系的不和谐，以及他的父母、姐姐的不守规矩。

父母的一顿暴打，把钮英豪打上了一条不归路。

不再惧怕挨打的钮英豪，变成了另一个人，一个时常盗窃，经常离家出走且喜欢选择熟人作案的孩子。

也许，后来随着年龄的增长，钮英豪已经对盗窃这件事的性质有了一定的认识；也许，他曾经有过改正的念头。如果在这个念头闪现的时候，钮英豪的家人及社会能及时拉他一把，他也许是能回到正常的轨道上来的。然而，家人的冷漠，却一次次把他推向更远。

钮英豪的父母在教育孩子方面，确实存在不小的问题。对一个未成年的孩子来说，不被父母家人理解，不被他们关爱，确实是一件悲哀的事。不过，再残酷的现实，也不应该成为一个人犯罪的理由。

钮英豪个人存在的问题，同样不容忽略。不爱学习，不喜欢读书，也是导致钮英豪在这条路上越走越远的一个重要原因。如果钮英豪能好好学习，多读书，用知识来弥补父母对自己教育的欠缺，自我修正，自我完善，认识到自己的错误，从而中途止步，结果也不会如此。

《中华人民共和国刑法》第二百六十四条规定：盗窃

公私财物，数额较大的，或者多次盗窃、入户盗窃、携带凶器盗窃、扒窃的，处三年以下有期徒刑、拘役或者管制，并处或者单处罚金；数额巨大或者有其他严重情节的，处三年以上十年以下有期徒刑，并处罚金；数额特别巨大或者有其他特别严重情节的，处十年以上有期徒刑或者无期徒刑，并处罚金或者没收财产。

　　但愿通过这次血的教训，通过各方面的帮助，钮英豪能痛改前非，回到正常的人生之路上。毕竟，他即将不再年少。

汲果儿档案：

汲果儿，女，初中文化。身高 1.70 米左右，体形偏瘦，长圆脸，高鼻梁，大眼睛，棕红色长发。说话时语速快，爱斜着眼睛看人。因聚众吸毒，被刑事拘留。案发时，汲果儿 16 岁零 3 个月。

一个眼神的致命诱惑

关键词：

辍学　恋爱　吸毒

案件回放：

高个子男孩的一个眼神，使单纯的汲果儿迷失其中。缺少家庭关爱的汲果儿，在男孩送零食、送礼品、接送上下学的"关爱"中，"幸福"地朝前走着。她因此学习成绩大幅下降，父母因其学习成绩下降而生气、着急，相互指责。汲果儿也曾想离开邹宇飞，把学习赶上去，但是男友的一次次"爱情"攻势，让她越陷越深。不明原因且对女儿的学习感到失望的父母，选择了放弃。汲果儿依然与辍学男孩邹宇飞在一起。受男友影响染上毒品后，汲果儿在这条路上越走越远。之后，汲果儿离开学校，跟着男友到处混。在一次聚众吸毒时，汲果儿及男友被抓获。

一

小学的时候，汲果儿是家长嘴边常提起的"别人家的孩子"。汲果儿不仅长得漂亮，而且各科成绩一直是班里前三名。她不只是文化课成绩好，歌唱得也好，舞跳得也好。学校开联欢会的时候，汲果儿既能做主持，又能弹钢琴。舞台上，穿着雪白连衣裙的汲果儿，吸引着台下观众的目光。台下的掌声，一次次为她响起。

汲果儿的妈妈曾说过，等女儿长大了，就让她报考中央音乐学院，将来成为一个经常在电视节目上参加各种晚会的著名演员。

汲果儿的爸爸不想让女儿当演员，他想让汲果儿将来当医生，或者科学家。

为了汲果儿将来做什么工作这件事，爸爸妈妈曾不止一次争吵过。可争来吵去，最后还是谁也说服不了谁。

有时，他们会问汲果儿，将来长大了想做什么。他们问的时候，都希望女儿能站到自己这边，好像汲果儿已经要面临人生之路的选择一样。

汲果儿有时想干这，有时又想干那。她觉得，那个被称作"将来"的东西，离自己实在太遥远了。再说了，汲果儿如果选择了当演员，妈妈会高兴，但爸爸就不高兴了。相反，如果她选择了爸爸喜欢的职业，那妈妈就又不高兴了。

随着汲果儿渐渐长大，对于爸爸妈妈这样的争论，她觉得很没意思。不过，她的爸爸妈妈却一直都没有放弃这个话题。

二

汲果儿的爷爷奶奶都是退休老师，他们辅导汲果儿学习，接送汲果儿上学、放学。汲果儿的爸爸妈妈工作都很忙，没时间管她。

跟爷爷奶奶在一起，汲果儿很快乐。

汲果儿上小学三年级的时候，她家搬了新房子，是标准的学区房。新家离她就读的小学不到一站地，汲果儿上学、放学，就不用再接送了。

汲果儿的爸爸妈妈经常为一些小事争吵，这让汲果儿的爷爷奶奶很是看不惯。他们几次想走，但中午又要给汲果儿做饭，就一直没走成。

恰巧，汲果儿的姑姑生了小宝宝，汲果儿的爷爷奶奶就去了姑姑家。

爷爷奶奶离开后，汲果儿中午吃饭就没以前那么有规律了。有时爸爸回家做，有时妈妈回家做，爸爸妈妈都没空回家的时候，午饭就由汲果儿自己解决。她要么热一下冰箱里的剩饭吃，要么在街上的小店里买些自己喜欢的食品当午饭。

即使没有爷爷奶奶、爸爸妈妈守着，汲果儿也不会在家里看起电视或玩起游戏来就忘了学习。每天回到家，汲果儿都是先把作业做完，才干别的。

汲果儿的爸爸妈妈对她很放心。

三

整个小学阶段，汲果儿的学习成绩一直很优秀，也很稳定。

随着职务的升迁，汲果儿的爸爸妈妈都越来越忙。他们不只是中午不再回家，就连晚上也经常是很晚才回家。

汲果儿的爸爸是一个政府部门的领导，整天有忙不完的应酬。开始的时候，汲果儿的妈妈嫌汲果儿的爸爸总是回家晚，回来后也总是醉醺醺的，于是就跟他吵。

后来，汲果儿的妈妈升任部门经理，一下子也忙起来，她的酒场并不比汲果儿的爸爸少，而且她回家更晚。

汲果儿的爸爸找到了反击的机会。家里的吵闹，更是成了家常便饭。

对于这样的吵闹，汲果儿已经习惯了。每次听到他们吵，她就回到自己的房间，把门关紧，用耳塞把耳朵堵住。她不想听他们吵，觉得他们吵得实在没什么水平，更没什么意义。

直到那一天，汲果儿听到了客厅里的玻璃碎裂声。汲果儿愣在自己的卧室门口，一动也不动。那一刻，汲果儿突然很想念爷爷奶奶。汲果儿把脑袋靠在门框上，泪水从脸上滚了下来。

汲果儿一个人在家的时候更多了。

有时，汲果儿很羡慕别的同学，他们回到家，有爸爸妈妈的问候和笑脸，有端上桌的热饭热菜。这样想着的时候，汲果儿心里就觉得特别难受。同样是父母，为什么别的同学的父母就有时间陪伴孩子，而自己的父母却不能呢？即便是周末，爸爸妈妈也极少有时间在家陪她。

汲果儿有时想，爸爸妈妈不在家也好，他们回到家总是为这样那样的事争论不休，吵得她脑袋疼。他们不回家，家里就清静多了。

四

与邹宇飞相识，是在六年级的那个暑假。

小区门口的街上新开了一家服装店，靠近窗户的一个小角落里也卖内衣、袜子等小物品。一天放学回家的路上，汲果儿无意间透过窗户看到衣架上挂着各种长长短短的好看的袜子。

一个周末，汲果儿写了一会儿作业，突然觉得有些烦，于是就把作业扔到一边，拿起手机，看了一会儿微信朋友圈，也没看到什么吸引她的新鲜东西。汲果儿随手把手机扔到枕头边，躺在床上，对着天花板出神。

爸爸有应酬，早早就出门走了。妈妈要加班，也急匆匆地离开了家。爸爸总是有这样那样忙不完的应酬，而妈妈又总是有加不完的班。

汲果儿躺在床上愣了一会儿神，突然想起即将到来的午饭时间。她从床上跳起来，跑到冰箱跟前。拉开冰箱门，一股又酸又霉的气味直冲鼻子，汲果儿强忍着，朝冰箱里看了一眼：半瓶不知哪年哪月放在里边的咸菜，瓶子的上半部分已经长了白毛；半袋冰糖，一粒粒或方或圆的糖块从袋子里跑到了搁板上；半个馒头，汲果儿试着用手捏了捏，硬得像石头；两袋方便面调料，一袋酱料没有打开，另一袋粉末状的角上开了一个口，米白色的粉末从袋口一直撒到冰箱角上。除此之外，冰箱里再也没什么东西了。

汲果儿关上冰箱门，换了鞋，准备到小区门口的便利店去买些吃的东西。

走到离小区门口不远的地方，汲果儿无意间看到了那家服装店。透过橱窗玻璃，汲果儿又看到了那些长长短短的袜子。

汲果儿拐进了服装店。

也就是在这里，汲果儿遇到了那个名叫邹宇飞的男孩。从此，汲果儿走上了另一条路。

五

拿着两双袜子，正在比较哪一双更好看的汲果儿，感觉好像有人在盯着她看。开始，她以为是店里的店员。等她抬头朝那目光看过去的时候，发现面前站着的，是一个高个子男孩。

汲果儿的目光与男孩撞在了一起，男孩冲汲果儿笑了笑。男孩眼睛亮亮的，牙齿白白的，汲果儿感觉有亮光在面前不停地闪啊闪的。

汲果儿慌忙将目光落回手里的袜子上。

"这双白色带绿边的更适合你的气质，你觉得呢？"男孩对汲果儿说。

汲果儿重新抬起头，看着面前这个男孩。

红蓝相间的运动装，白色运动鞋，曲起的臂弯里，

抱着一个足球。

"也许吧。我只是随便看看。"汲果儿冲男孩笑了笑说。

"而且这款是全棉的，穿起来会很舒服。"男孩接着说。

汲果儿愣了一下。他竟然会看是不是全棉的？汲果儿从来都分不清衣服面料的成分。

"我叫邹宇飞。"男孩微微歪着脑袋，对汲果儿伸出了右手。

汲果儿笑了笑，右手朝邹宇飞伸了过去。

两只手轻轻拍了一下。两个人都笑了。

"汲果儿，对不对？"邹宇飞笑着问汲果儿。

"你怎么知道？"汲果儿惊得瞪圆了眼睛。

"大名鼎鼎的汲果儿，地球人都知道。"邹宇飞说着，有些调皮地冲汲果儿眨了眨眼睛。

汲果儿笑了，笑得很甜。

"老板，我可是你的金牌会员呢。我同学，打个最低折扣吧。"邹宇飞冲正在整理服装的女老板招了招手。

"好，你说几折？"女老板笑着问邹宇飞。

"两折怎么样？"邹宇飞说。

"好嘞。"女老板很爽快地答应着，把汲果儿手上的袜子接过来，动作麻利地包装好。

两折？汲果儿再一次惊得瞪大了眼睛。袜子又不是什么季节性很强的东西，怎么可以有这么低的折扣？

邹宇飞像是看出了汲果儿的疑惑，凑近汲果儿，悄声说："放心，老板赔不了钱。你买了她的东西，我还能赚积分呢!"

汲果儿半信半疑地冲邹宇飞点了点头。

"我猜,你还没吃中午饭,不如我请你吃饭吧。你帮我赚了积分啊!"邹宇飞对汲果儿说。

汲果儿真想跟邹宇飞一起去吃饭。邹宇飞看起来那么帅,说话又那么幽默。跟这样的男孩在一起吃饭,肯定比自己一个人在家随便对付点什么更有意思。

可是,汲果儿没有答应邹宇飞。她不想跟刚认识的男孩一起去吃饭。邹宇飞是哪个学校的,她都不知道呢。

"这次先不去了,下次我请你。你还帮我打了折呢。"汲果儿说。

邹宇飞看起来有点失望,但他没有再勉强汲果儿。

邹宇飞要加汲果儿的微信时,她没有拒绝。

六

汲果儿买了饭刚到家,就收到了邹宇飞的微信。

汲果儿一边吃饭,一边回复邹宇飞的微信。邹宇飞说话特别有趣,汲果儿有几次都笑喷了。

汲果儿很喜欢听邹宇飞说话。跟邹宇飞聊天的时候,汲果儿就忍不住想到他的样子,高高的,帅帅的,特别是他笑起来的时候,那个很特别的眼神,汲果儿每每都忍不住在心中回味再回味。

那个特别的眼神,让汲果儿把这个叫邹宇飞的男孩记在了心里。

后来,汲果儿知道了,邹宇飞十六岁,在省城的一所技术学校读一年级,学的是日语专业。

汲果儿还知道了，那家服装店就是邹宇飞家开的，那位被他叫作"老板"的女士，其实是邹宇飞的妈妈。

邹宇飞上小学时，他的父母离异，邹宇飞跟妈妈一起生活。

知道这些的时候，汲果儿跟邹宇飞已经很熟了。

他们经常一起吃饭，邹宇飞总能找到汲果儿喜欢的餐厅。他们也一起看电影，县城里的三个电影院，他们都去过很多次。大多数时候是邹宇飞请客。汲果儿想掏钱，每次都没有邹宇飞的手快。有时，邹宇飞会提前在网上买券，汲果儿过意不去，后来也学会了在网上提前付款。

邹宇飞经常开车带汲果儿出去玩。汲果儿因此也认识了邹宇飞的一些朋友。因为年龄的关系，邹宇飞还没有考驾照，平时开他妈妈的一辆香槟金色宝马车。

刚开始的时候，汲果儿有点害怕，怕她和邹宇飞经常出去的事被爸爸妈妈知道，也怕邹宇飞没有驾照被警察抓到。不过随着次数的增多，渐渐地，汲果儿也就不再担心什么了。

七

学校开学了，邹宇飞却一直没回学校。汲果儿问他原因，邹宇飞说，爸爸想找关系把他转到另外一所学校去，他现在去不去学校无所谓。再说了，对所学专业，他也不再喜欢了。他说自己又喜欢上了西班牙语，他想换学校、换专业。他说毕业后想去西班牙玩。

邹宇飞人长得帅，谈吐幽默，对汲果儿也很体贴。

随着接触的增多，汲果儿发现邹宇飞不爱学习，而且做事不专注，一会儿想到这，一会儿又想到那。

开始的时候，汲果儿曾试图说服邹宇飞好好学习，将来考一所好大学。邹宇飞应着，但该怎么玩还是怎么玩。

汲果儿也曾想离邹宇飞远一点，但是她却很难做到。邹宇飞经常约她，有时甚至把车开到放学的路上等她。汲果儿不想跟邹宇飞一起出去的时候，邹宇飞就给汲果儿买来各种各样好吃的东西。每当这时，汲果儿想离开邹宇飞的念头就又暂时淡了。

后来，汲果儿想，邹宇飞不喜欢学习，但他人好，尤其是对她特别好。人各有志，将来真正有作为的人，也不一定就非要学习好吧？这样想的时候，汲果儿似乎又给自己找到了与邹宇飞在一起玩的理由。

在外边玩的时候多了，汲果儿学习就不那么认真了，成绩也一直在下降。汲果儿的爸爸妈妈看她成绩单时的脸色，一天比一天难看。

晚上，汲果儿想睡觉的时候，刚刚从外边回来的爸爸或妈妈不让她睡，逼着她再学一会儿。

周末，汲果儿的爸爸妈妈怕她出去玩，出门前就把汲果儿反锁在家里，让她好好学习。

"你们整天在外边，却不让我出门！"

爸爸妈妈所做的一切，让汲果儿很生气。

家里的大门反锁了，汲果儿出不去，但这并不影响汲果儿和邹宇飞用微信聊天。他们之间的感情正是通过这一次次的微信聊天，快速升温的。平时在一起时不好意思说的一些话，他们在微信里尽情地说了出来。

初中三年，汲果儿和邹宇飞一直在来往，但汲果儿的爸爸妈妈只知道女儿学习成绩下降，却始终不知道原因。

汲果儿很勉强地上了当地的一所高中。本来，她的成绩是在录取分数线以下的，家里往学校交了些钱，她才进入了高中。

考一所好大学的梦想，离汲果儿越来越远了。

八

邹宇飞的那些朋友，汲果儿大都看不上。他们有钱，但说话粗鲁，行事不考虑后果。他们共同的特点，就是不喜欢学习。

不知是碍于邹宇飞的情面还是别的什么原因，汲果儿觉得，邹宇飞的那些朋友对她都挺客气的，很多时候，也挺关照她。

那天，邹宇飞过生日，恰巧也是周末。邹宇飞开车接上汲果儿，一起去了当地一家五星级宾馆。

他们与邹宇飞的朋友一起，先是吃饭、喝酒，之后又去唱歌。在那家 KTV 的包间里，汲果儿经不住邹宇飞的哄劝和他那些朋友的起哄，第一次吸食了白粉。

之后，汲果儿很后悔。她给邹宇飞发了一条长微信，让他以后不要来找她了。

邹宇飞收到微信后，就给汲果儿打了电话。在电话里，他痛哭流涕，不停地骂自己，说都是因为自己喝多了酒，保证以后再也不这样了。他请求汲果儿能给他一次机会。

听到邹宇飞哭，汲果儿的心就有些软了。想想以往邹宇飞对她的各种好，汲果儿的心就更无法硬起来了。

那些天，邹宇飞不停地给汲果儿打电话、发微信，检讨自己的各种不对，诉说见不到汲果儿的苦闷。

一天中午，汲果儿放学回家，走到自家楼道的楼梯口，看到了等在那里的邹宇飞。邹宇飞不仅给汲果儿带来了各种吃的，怀里还抱着一个耐克运动鞋的盒子。

中午，汲果儿的爸爸妈妈自然不会回家，汲果儿和邹宇飞都知道。

桌子上堆满了各种吃的，邹宇飞把那个盒子打开，里边是一双最新款的耐克运动鞋。邹宇飞让汲果儿试试合不合适。汲果儿不想要这双鞋子，她知道这双鞋子不便宜，而且家里突然多了一双这么贵的鞋子，爸爸妈妈能不知道？

邹宇飞非要让汲果儿试一下。汲果儿拿过鞋子，见鞋子里还放着几双耐克的袜子，颜色各异。汲果儿试了一下，鞋子不大不小，正好合适。

邹宇飞让汲果儿下午穿新鞋去学校。汲果儿想了想，还是把新鞋脱下来，放进了大衣柜最里边的衣服后边。

邹宇飞跟汲果儿在她家一起吃了午饭。上学的时间到了，邹宇飞又开车把汲果儿送到了学校门口。

汲果儿和邹宇飞的关系，又回到了以前的状态。

那双耐克运动鞋，汲果儿试着穿了一天，爸爸妈妈都没有发现。过了几天，她又试着穿了一次，爸爸妈妈还是没有发现。之后，汲果儿再穿那双运动鞋的时候，也就不再刻意躲着爸爸妈妈。

自始至终，汲果儿的爸爸妈妈也没有发现女儿多出来的这双运动鞋。

九

凡事只要有了第一次，就会有第二次，吸食毒品更是这样。

一次跟邹宇飞的朋友吃饭后，在酒店的包间里，酒后的汲果儿，迷迷糊糊中又吸食了一次毒品。

醒来之后，汲果儿心里虽然也觉得有些后悔，但后悔的程度与前一次相比，已差了很多。

邹宇飞没有像他当初所说的那样，到另一所学校去读书。邹宇飞整天一副很忙的样子，他有很多朋友，经常在一起聚会，有时也跟朋友开车去外地几天。每次外出，他都跟汲果儿说去谈一笔业务。至于到底谈的是什么业务，邹宇飞从来没跟汲果儿说过。

每次去外地回来，邹宇飞都会给汲果儿带回各种各样的礼物。

邹宇飞的朋友，汲果儿的同学，没有人不知道他们两个在谈恋爱，但是汲果儿的爸爸妈妈却都不知道。他们只知道女儿的学习成绩越来越差了。

开始的时候，汲果儿的爸爸妈妈也很着急，逼着汲果儿好好学习。为了汲果儿成绩下降的事，她的爸爸妈妈没少吵架。

汲果儿的妈妈嫌她的爸爸不管："你除了知道吃喝，知道升职，家里的事，孩子教育的事，你整天不管不问的。"

汲果儿的爸爸反唇相讥："你在外边吃喝的还少吗？你除了一天到晚地操心你的业绩，还操心过啥？"

听着爸爸妈妈的争吵，汲果儿心里很不好受。她想，都是自己学习不好才让爸爸妈妈吵架的。她想把学习成绩提上去，就像小学时那样，让爸爸妈妈高兴，让老师为自己感到骄傲。可是，她脑子里装了太多跟学习无关的东西，上课的时候，那些东西总是随时就冒出来，她的思绪便也常常随着那些与学习无关的东西跑得很远。

后来，汲果儿的爸爸妈妈也许觉得"逼"也不起作用，渐渐地就不再管她了。

"学成啥样是啥样吧。"汲果儿的爸爸看着她的成绩单上越来越少的分数，无奈地说。

"老汲家的孩子，你都不想管了，我也管不了。"汲果儿的妈妈不满地说。

第一次听到爸爸妈妈这样说的时候，汲果儿跑到自己的房间，关上门，流了很多眼泪。

爸爸妈妈再一次这样说的时候，汲果儿就有点麻木了。

等到爸爸妈妈又一次这样说的时候，汲果儿心中忍不住恨恨地想：你们平时只想着自己，管都不管我，现在想起我的学习成绩了！

十

对自己的学习成绩，汲果儿也不再着急，就像爸爸说的"学成啥样是啥样"吧。一旦放松了自己，汲果儿

就不再考虑将来会怎样了。

以前邹宇飞去外地，约汲果儿一起去，她从来没同意过。现在，邹宇飞再去外地的时候，汲果儿主动要求一起去玩。

汲果儿以各种理由跟老师请假。

老师打电话给汲果儿的爸爸，听到的回答大多是："我正在开会，你给汲果儿的妈妈打电话，让她过去一趟吧。"老师再打电话给汲果儿的妈妈，得到的回答是："我在外地培训，你给汲果儿的爸爸打电话，让他去吧。"

老师打了几次电话，也没见到她的家长。之后，只要汲果儿给老师递上一张请假条，老师就允许她请假。老师知道，即使不允许，汲果儿也照样走。

后来，每次想跟邹宇飞出门去外地的时候，汲果儿连假也懒得跟老师请了。

再后来，汲果儿离开了学校，整天跟着邹宇飞和他的那些朋友到处混。

十一

在汲果儿家里吸毒，已经不是第一次了。以前，邹宇飞瞅准了汲果儿的爸爸妈妈不在家的时候，带着他的朋友偷偷地在她家吸过两次。

这次，汲果儿的妈妈出差去外地参加培训，汲果儿的爸爸也去省城开会，家里又剩下汲果儿一个人了。

他们吃了饭，邹宇飞开车送汲果儿回家，车上还有邹宇飞的两个朋友。

到了汲果儿家楼下，邹宇飞停下车，像主人一样邀他的朋友去汲果儿家玩。

邹宇飞的那两个朋友，都没有客气一下，就直接随汲果儿去了她家。他们先是在手机上玩了一会儿游戏，后来不知谁先说了一句"想吸一口"，邹宇飞当即让他的一个朋友去车里拿东西。

在汲果儿的房间里，四个人吸了起来。

刚吸完不久，邹宇飞的一个朋友接了个电话，说有点事要出去一下，一会儿就回来。邹宇飞把车钥匙扔给了他的朋友。

他们三个人继续在汲果儿的房间里玩游戏。

十二

警察敲响汲果儿家大门的时候，他们以为是开车出去的朋友回来了。打开门，他们发现门口站着两个警察。汲果儿一下子就蒙了，身子靠在门框上，慢慢地滑下去，坐在了地上。

警察出示证明后，直接走进了汲果儿的房间，吸毒的工具还放在电脑桌上。

开始的时候，邹宇飞不想被带走。

"认识南小洲吗？他吸毒后开车把别人撞伤了。"警察说。

听了警察的话，邹宇飞低下了头。

汲果儿是被随后赶到的两名女警挎到警车上的。

载着他们三个人的警车，一路鸣响着，驶出了汲果儿家住的小区。

庭后絮语：

　　就像汲果儿的爸爸妈妈在吵架时所说的那样，一个为了政绩不惜一切代价，另一个则为了业绩无暇顾及其他。作为职场人员，努力工作，无可厚非。然而，作为家长，对未成年的女儿，他们一直处于不操心、不过问、不知道的状态，这是万万不应该的。女儿的生活，女儿的喜怒哀乐，他们丝毫没有放在心上。他们不明白，年少的女儿，在各个方面都需要他们的关心和指导。

　　表面上看，他们为了女儿的学习成绩下降而着急、生气，但是身为父母，他们并没有静下心来，找一找孩子成绩下降的根源到底在哪里。后来，看着女儿的成绩一直跌下去，他们失望了，也不再费心去管去问了，甚至女儿走上了犯罪的道路，他们也一点都不知晓。

　　汲果儿与邹宇飞和朋友一起多次在她的房间里吸毒，事后她的爸爸妈妈连一点迹象都没发现。汲果儿的整个初中阶段，都与邹宇飞来往，她的变化，她的爸爸妈妈竟然都没有发现。邹宇飞给汲果儿买吃的、玩的，甚至送了名牌运动鞋，她的爸爸妈妈竟然也都没有发现。后来，汲果儿跟邹宇飞一起吸毒，他们还是没有发现。汲果儿的爸爸妈妈对她的极度疏忽，致使她在这条错误的道路上越走越远。

　　汲果儿的父母，并非那种愚钝的人，他们在各自的单位都是领导，工作政绩、业绩也都不错，但在孩子的教育、培养上，他们却没有尽到父母应尽的责任。

　　汲果儿的父母忘记了女儿的存在以及她对爱的需求，忘记了自己是父亲、是母亲。这样的父母，实在不配

"父母"这个称号。

因为汲果儿年幼、单纯，缺少父母必要的指导，亲情方面有缺失，所以汲果儿对情感特别渴望。当遇到在生活上给予她关心照顾的男孩邹宇飞时，邹宇飞的一个眼神，就让汲果儿越陷越深。最终，汲果儿不管邹宇飞是怎样的一个人，也不管他做了什么，跟他走到了一起。在这期间，汲果儿虽然也有过挣扎，但她的挣扎并未经过理性思考，所以她的拒绝也就不够坚决。在邹宇飞的哄劝下，汲果儿很快就缴械投降了。

在交友方面，汲果儿存在不小的问题。面对邹宇飞的过分要求，汲果儿不懂得拒绝，这也是她走到这一步的一个不容忽视的原因。

《中华人民共和国刑法》第三百五十三条规定：引诱、教唆、欺骗他人吸食、注射毒品的，处三年以下有期徒刑、拘役或者管制，并处罚金；情节严重的，处三年以上七年以下有期徒刑，并处罚金。强迫他人吸食、注射毒品的，处三年以上十年以下有期徒刑，并处罚金。引诱、教唆、欺骗或者强迫未成年人吸食、注射毒品的，从重处罚。

《中华人民共和国刑法》第三百五十四条规定：容留他人吸食、注射毒品的，处三年以下有期徒刑、拘役或者管制，并处罚金。

昝巧儿档案：

昝巧儿，女，文盲。身高 1.56 米左右，体形偏瘦，皮肤较黑，圆眼睛，牙齿稍外突。自幼失去母亲，由脾气暴烈的父亲抚养长大。14 岁出嫁，16 岁时生一女。因与邻居有矛盾，在给邻居家孩子喝的糖水里加了毒鼠强，致使两个孩子中毒身亡。案发时，昝巧儿 16 岁零 11 个月。

迷雾中的女孩

关键词：

疑心重　忌妒　故意杀人

案件回放：

昝巧儿因怀疑邻居嫂子说自己坏话，对其一直怀恨在心。生下一个女儿后，昝巧儿很自卑，对生了两个儿子的邻居嫂子更加心生忌妒。某天，嫂子家的两个孩子去昝巧儿家玩，昝巧儿越想越恨，把两个孩子引诱到室内，在给他们喝的红糖水里加了剧毒药毒鼠强，致使两个孩子先后身亡。昝巧儿以故意杀人罪，被提起诉讼。

一

坐在被告席上的昝巧儿，又黑又矮又瘦，怎么看都不像一个生过孩子的母亲。这也难怪，昝巧儿虽已为人母，但还不到 17 岁。

坐在昝巧儿旁边的，是一个同样又黑又瘦的男人，看起来三十多岁的样子。起初我以为他是昝巧儿的父亲，书记员核对信息的时候，我才知道，原来他是昝巧儿的丈夫。

法庭上，昝巧儿极少说话，即便是在公诉人和法官对其进行询问的时候，她也总是低着头，戴着手铐的双手在桌面上不住地拧来绞去。公诉人或法官要对询问内容进行多遍重复并加重语气后，昝巧儿才会回答。她的回答常常只有几个字，就是这几个字，也往往是不连贯的，一个字一个字地从嘴里挤出来的。昝巧儿说话的声音很小，每次低头看着自己绞来绞去的双手把话说完后，她会抬头看一下问话的人。昝巧儿每次抬头的幅度都很小，也很快，别人还没反应过来，她的头已经又低下了。

庭审的时候，戴着手铐的被告大多都把双手放在桌子下面，把手铐藏起来，不想让别人看见，但昝巧儿是一个例外。自从进入法庭，她就一直把双手放在桌子上，那副锃亮的手铐就在她的眼前，也在圆桌周围所有人的眼前。

案件事实清楚，证据确凿，昝巧儿对自己所犯的故意杀人罪供认不讳。

但是，昝巧儿认罪却不悔罪。在法庭上，她不停地说："小宝和小贝的妈妈骂我，还说我偷了她的针。我没偷她的针，她为啥骂我？"

审判长问她："这就是你毒死小宝和小贝的理由吗？"

昝巧儿低下头，低声说："我就是想让小宝和小贝肚子疼，没想到他们俩会死。小宝和小贝的妈妈骂我，是她先骂了我。我又没偷她的针。"

二

听到昝巧儿这可笑的狡辩时，我还怀疑昝巧儿智力方面可能有些缺陷，否则的话，她怎么会死扯住小宝小贝的妈妈骂她，说她偷针这样的小事不放呢？

再说了，即使小宝和小贝的妈妈真的骂了她，这也不能成为她把两个孩子杀死的理由啊。这样的理由，也太匪夷所思了，完全超出了正常人的思维。

不过通过庭后的跟踪调查，我发现事实并非如此。昝巧儿智力方面没有什么问题，只是她从小生长的环境，与正常人有很大的不同。

昝巧儿的丈夫不仅年龄比她大了不少，而且腿有点瘸。他说话不多，但从他嘴里说出的每一个字，都像是用了很大力气吐出来的，一副恶狠狠的样子。

到庭的还有昝巧儿的爸爸。那是一个穿戴很脏很破的老年男人，眼睛很小，但从眼里透出来的光，却让人无法直视。从他的眼睛里，寻不到半点他这个年纪的人应该有的善良与慈祥。

当庭审进行到法庭辩论阶段时，在没有得到任何允许的情况下，昝巧儿的爸爸突然站起来，猛地拍了一下面前的桌子，大声吼叫道："活该！死了活该！"

圆桌周围的人，一下都愣住了。就连审理过上千件案子，在法庭上身经百战的审判长，恐怕也没有见过如此嚣张的监护人，听到过如此不可理喻的言论吧。

审判长拿起手边的法槌，重重地敲了一下。紧接着，两名法警一左一右抓住昝巧儿爸爸的胳膊，把他摁到了椅子上。

在昝巧儿的爸爸突然冲动地跳起来的时候，圆桌周围的人被惊得瞪圆了眼睛，但有一个人例外，那就是坐在被告席上的昝巧儿。听到爸爸的怒吼，昝巧儿一动不动，甚至从她脸上都看不出任何反应。她好像完全没有听到那突然的大吼一样。昝巧儿低头看着自己的手，看着自己手上那副锃亮的手铐，与吼声响起之前，没有什么两样。昝巧儿出奇地平静，这也让人不能理解。

三

昝巧儿是由爸爸抚养长大的。她确实是一个可怜的女孩。

昝巧儿出生的时候，妈妈因为难产离开了人世。昝巧儿从来不知道她的妈妈是什么样子，也没有享受过一丁点儿母爱。

昝巧儿家的邻居们都说，巧儿这孩子能活下来，真是想不到的事。

昝巧儿刚出生的时候，曾有亲戚想抱养她，但昝巧儿的爸爸死活不同意，说要自己把昝巧儿养大。

昝巧儿从三岁就开始做饭、洗衣服、扫地，那时她话还不会说呢，就会做家务了。

家里总是吃了上顿没下顿，邻居们见昝巧儿可怜，就常送些吃的给巧儿。只有爸爸不在家的时候，昝巧儿才敢吃邻居送来的东西。爸爸在家的时候，看到昝巧儿吃别人的东西，就会打她。昝巧儿长得瘦小，爸爸下手又狠，常常一巴掌就把她扇到门外边，还不许她哭。

或许是没人教没人管的缘故吧，昝巧儿直到四岁多，才会说一些简单的话。

做饭够不着，昝巧儿就搬个小凳子踩着，好几次踩不牢，跌到灶台上，脸上磕得鲜血直流。即使这样，她也要把饭做完，否则爸爸回家就要打她。

够不到晾衣绳，昝巧儿就把衣服搭在院子里的柴火上。柴火里有一些枣树枝，昝巧儿一不小心就被扎了手。

最难熬的是冬天，每年冬天，昝巧儿的双手都肿得像面包一样，冻疮破了一层又一层。从初冬到来年春天，昝巧儿的双手一直不停地流血、流脓。她不只是冻手，两边脸、两只耳朵和双脚也都冻得长了疮。即使这样，家务活也不能耽误。

昝巧儿五岁左右的时候，村里一户没有孩子的人家，看着昝巧儿可怜，曾想收养她，但昝巧儿的爸爸不同意。

四

遇到心情好的时候，昝巧儿的爸爸也会跟别人的爸爸那样，给昝巧儿买回几块糖或几块饼干，但这种时候，少得能数过来。多数时候，昝巧儿的爸爸心情似乎都不好。于是，昝巧儿就经常挨打，挨了打还不能哭，越哭就被打得越厉害。

有一回，昝巧儿的爸爸嫌她把粥煮煳了，一句话也不说，拿起碗来就把那碗热粥砸到了昝巧儿的头上。

滚烫的热粥顺着昝巧儿的头发淌下来，眯住了她的眼睛。昝巧儿抬手用袖子抹着脸上不断往下淌的热粥，眼睛盯着地上的碎碗片，蜷缩在灶间的灶台前，痛哭起来。

昝巧儿哭，不是因为爸爸砸疼了她，也不是流淌下来的热粥烫疼了她。以往挨打习惯了，昝巧儿知道挨打的时候不能哭。这回昝巧儿哭，是心疼被爸爸摔碎的那只碗。

爸爸每次生气的时候，不是打昝巧儿一顿，就是摔东西。家里的饭碗，被爸爸摔得就剩下两只了。这次爸爸又摔了一只，家里的碗就剩下一只了，昝巧儿不知道以后盛饭的时候该怎么办。

昝巧儿的爸爸见她哭起来没完，更加生气了。他拽起昝巧儿捂着脸的那只手，一下就把瘦小的昝巧儿提了起来，怒吼道："别哭！"

昝巧儿像是刚意识到自己在哭，知道爸爸看到她哭会更生气。昝巧儿想止住不哭，但这次却没能马上止住。爸爸把她的小手拉向灶台上的煤油灯，放在了油灯的火苗上："哭，哭，我让你再哭！"

把满手燎炮的女儿扔到灶间的柴火上，昝巧儿的爸爸气哼哼地离开了灶屋。

五

　　类似的事情在昝巧儿童年的生活中经常发生。

　　做饭的时候，爸爸扔给她一根火柴，让她生火。万一这根火柴被昝巧儿不小心划断了，或者火柴头不小心掉下来，爸爸见火没生着，上前抓住昝巧儿的头发，就是一顿暴打。

　　有一次，昝巧儿的爸爸不知为什么心情好，也不知道从哪里弄了点钱，回家的时候给昝巧儿带回来一支雪糕。

　　昝巧儿长那么大，还从来没有吃过雪糕。看着爸爸手里的雪糕，昝巧儿迟迟不敢去接。

　　雪糕既凉爽又香甜，昝巧儿实在不舍得把它吃完。当时天气特别热，昝巧儿吃得特别慢，刚用舌头舔了几下呢，雪糕就有点化了。雪糕水顺着昝巧儿的手流下来。昝巧儿举起手，想把流淌到手腕上的雪糕水舔干净，没想到嘴巴刚刚碰到手腕，雪糕啪的一声掉到了地上，手里只剩下了雪糕棍。

　　昝巧儿想哭，但没敢。她蹲下，想把掉在地上的雪糕拾起来，可是手刚碰到雪糕，雪糕就散开了。

　　昝巧儿的爸爸走过来，抓住她的头发，一下把她摁到了地上："败家子！你这个灾星！吃了，都给我吃干净了！"

　　昝巧儿趴在地上，一边悄悄流着泪，一边把化成水的雪糕连同地上的泥土一起吃进了肚子里。

六

昝巧儿到了该上学的年龄。不论村里的领导和学校的老师如何做工作，昝巧儿的爸爸就是不同意她去学校。后来，村里领导承诺，村委会承担昝巧儿读小学期间的所有费用，爸爸还是不同意。

学校的老师征求昝巧儿的意见，问她想不想上学。昝巧儿偷看一眼蹲在一边抽烟的爸爸，不敢说话。其实，即使爸爸不在跟前，昝巧儿也不爱说话。别人问她话，她常常不回答。

村里的领导和学校的老师接连碰了几次钉子后，就不再去做工作了。村里的人都知道，昝巧儿的爸爸认准的事，没有人能说服得了他。

昝巧儿没有去上学。不知是不是不认字的缘故，昝巧儿也一直没有外出打工。

昝巧儿14岁的时候，爸爸把她许给了邻村一个30多岁的男人。那个男人给了昝巧儿的爸爸几万块钱。他们没有办任何手续，那个男人直接把昝巧儿领回了家。

男人父母早亡，一直跟着哥哥嫂子过日子。这几万块钱，也是哥哥嫂子帮他凑的。男人的一条腿有残疾，脾气也不好，但比昝巧儿的爸爸好一点。

昝巧儿到了男人家，不再像以往在自己家里那样经常被打了。

男人家里虽然很穷，但昝巧儿过来生活后，胖了一些，也长高了一些。

第二年，昝巧儿怀孕了，男人对她比以前好了些。

男人的嫂子前后生了两个孩子，也就是小宝和小贝。那是两个猴子一样顽皮的男孩，聪明、好动，鬼点子眨眼就一串串冒出来。拿昝巧儿嫂子的话来说，就是"只要不睡着，一刻也闲不住"。

昝巧儿也喜欢小宝和小贝。他们喊她婶娘，每次都叫得很甜。昝巧儿把手放在隆起的肚子上，想着自己肚子里的孩子生下来后，也能像小宝和小贝一样聪明又活泼。

七

昝巧儿生了一个女儿。当时，她只有 16 岁。

生孩子时，昝巧儿没哭，但听说是一个女孩时，她哭了。

嫂子开始以为昝巧儿看到女儿顺利出生，因为激动才哭的。后来，从昝巧儿断断续续的哭诉中，嫂子听出来，昝巧儿是嫌生下来的是一个女孩。

"你还年轻，先养着这个闺女，过两年再生个儿子，不是更好？"嫂子劝她。

昝巧儿不说话，只是哭。

对刚刚出生的女儿，昝巧儿也不是很用心。孩子哭了，她常常连动都不动一下。

昝巧儿坐月子的时候，嫂子常来帮忙，给昝巧儿做饭，帮她照顾孩子。嫂子到昝巧儿家来的时候，小宝和小贝也常跟着一起来玩。两家住对门，昝巧儿家没有院墙，从昝巧儿家的屋门口就能看到嫂子家的大门。

昝巧儿出了月子，嫂子来的次数就少了。毕竟，家里有两个孩子，有很多事要做。

昝巧儿还是不喜欢自己的女儿。孩子不哭的时候还好，孩子一哭，她就烦。有时，孩子哭得脸都紫了，她看都不看一眼。昝巧儿虽然自己不喜欢孩子，但不允许别人说闲话。街坊们过来"送米"，说一句"这闺女"之类的话，她都不高兴。昝巧儿不愿意别人提"闺女"这两个字。

嫂子来的次数少了，昝巧儿心里就不高兴。她想，还不是因为自己生的是闺女。对嫂子家有两个儿子，她既羡慕，又忌妒。昝巧儿对嫂子越来越不满意。

一天，昝巧儿在屋门口坐着，看到嫂子在大门口缝一件什么东西。嫂子在针线筐箩里翻找了半天，脸上显出了不高兴的样子。嫂子朝昝巧儿家的屋门口看了一眼，然后嘴里嘟囔着什么，起身走了。

昝巧儿越想越觉得那天嫂子是在骂她。她听到嫂子说针找不到了。昝巧儿越想越生气："我啥时候拿过你的针啊，你凭啥嘴里说找不到针的时候，朝我家门口看呢？"

之后几天，嫂子没到昝巧儿家去，昝巧儿更觉得嫂子是怀疑她拿走了针，那天是骂她了。昝巧儿越想越生气，但没跟丈夫说这事。平时，她跟丈夫极少交流。她觉得被人骂小偷这种不光彩的事，更不能跟丈夫说。

昝巧儿心中对嫂子的羡慕忌妒，渐渐变成了恨。而且这恨，随着那天嫂子朝她屋门口看的那一眼，迅速膨胀起来。

随着时间的推移，昝巧儿心中的恨越积越多，简直要把她的肚子撑破了。

中国好少年金盾丛书

052

八

那天，昝巧儿看到嫂子肩上扛着铁锨，手上拎着一只蛇皮袋子，朝胡同口走去。昝巧儿知道，嫂子是要去地里种地瓜了。

看到嫂子，昝巧儿心中的恨更增了一分。

女儿哭起来，昝巧儿连看都没看，用脚把女儿往一边推了推，躺在了床上。

这时，昝巧儿听到院子里有说话声，抬头一看，是嫂子的两个孩子小宝和小贝，两个人正在昝巧儿家的院子里相互追着玩。

看到那两个活泼可爱的男孩，昝巧儿心中的恨像火一样腾地燃了起来。她从床上坐起来，走到了屋门口。

昝巧儿朝小宝和小贝招了招手："来呀，来呀，来屋里玩。"

昝巧儿很少主动跟小宝和小贝说话。两个孩子见她招手，一时愣在了院子里，但他们没有忘记喊昝巧儿一声"婶娘"。

昝巧儿见小宝和小贝在院子里没动，接着对他们说："来屋里，喝糖水，看娃娃。"

在昝巧儿的老家，女人坐月子，都要喝红糖水。月子里有小孩来家里，也会有一碗红糖水喝。

小宝和小贝蹦跳着，迈进了昝巧儿的屋子。趁他们俩趴在床上看娃娃，昝巧儿倒好了两碗红糖水。她把放在床角的两包用来药老鼠的药末，也一起倒进了那两只碗里。倒完后，她还背过身去，用手指在每只碗里都搅了搅。

九

小宝和小贝的妈妈从地里回来的时候，两个孩子躺在自家的院子里，已经不行了。她发疯般跑出来，哭喊着找人送孩子去医院，但一切都已经晚了。

两个孩子一个六岁，一个四岁。

事发后，村里的人都过来看两个孩子，陪着他们家里的人难过落泪。

昝巧儿没有过去看两个孩子——两个曾无数次喊她婶娘的孩子。昝巧儿躲在屋里，一直没有出门。

昝巧儿平时也不爱出门，现在家里又有了小孩，就更不爱出门了。她不去嫂子家，也没有人在意她。

昝巧儿的丈夫曾跟她说："你去看看小宝和小贝吧。"

昝巧儿没有说话，只是摇了摇头。

直到警察找她了解情况的时候，村里人才想到了她。

警车把昝巧儿带走的时候，她没有哭，没有闹，脸上也没有半点害怕的表情。那时的昝巧儿，跟平时人们看到的她没有任何两样。

街上的人看着被两名女警夹在中间的昝巧儿，先是愣着，接着不知谁喊了一句："打死这个狼心狗肺的女人！""打死她！""蛇蝎心肠啊！"各种叫骂声一齐朝昝巧儿涌过来。

有人上来扯昝巧儿的头发，有人往她脸上吐痰，但不管周围的人怎么喊、怎么做，昝巧儿一直往前走着，连头都没抬一下。

庭后絮语：

法庭上的眢巧儿，脸上看不出半点愧疚与悔恨。两个活生生的生命在她的手上结束，她的心中难道就没有一丁点儿的自责、悔恨？

眢巧儿自幼失去母爱，她的女儿也将同她一样，无法得到母亲的爱与呵护。

幼年生活的阴影、母爱的缺失、父亲的暴虐、没有接受过教育等原因，都使得眢巧儿的生活异于正常的同龄人。

纵观眢巧儿十几年的生活，她所看到的、得到的，只有父亲的暴力，从未尝到过真正的爱的滋味。一个没有得到过爱的人，心中自然没有爱可以付出。即使后来眢巧儿已为人母，她也不懂得如何以一个母亲的情怀去爱自己的孩子。她更不懂得爱蓝天、鲜花、阳光，不懂得爱与她有交集的人。眢巧儿心中装的是沙砾，是荆棘，是父亲强加给她的无法排解的暴力。

对生命，眢巧儿缺乏基本的尊重和敬畏，所以她毫不手软地对两个天真可爱的侄子下毒手。事情发生后，她跟没事人一样。即使到了法庭上，她也没有为自己的行为感到悔恨，还不停地纠缠着："小宝和小贝的妈妈骂我，还说我偷了她的针。我没偷她的针，她为啥骂我？"

眢巧儿的邻居说，眢巧儿是一个可怜的人，但也非常可恨。在这之前，善良的邻居们觉得她可怜，都尽自己所能帮助她。就像小宝和小贝的妈妈一样，邻居们帮她照顾孩子，帮她做饭等。然而，她却不懂得感恩，还恩将仇报，因为无端的猜测，亲手把小宝和小贝杀死。

邻居们还说，昝巧儿智力也没啥缺陷，偶尔出门买东西，心算特别快。店员用计算机还没算完呢，昝巧儿就已经在心里算出来了。算出来之后她也不言语，一旦店员算错了，她马上就能指出来。

母爱缺失，父亲暴力，昝巧儿又不喜欢跟别人交流、接触，生活的本来面目应该是什么样的，昝巧儿并不知晓。她的人生如同一场带着厚重毒霾的浓雾，她身在其中，看不清目标，也没有方向，这也导致了她盲目的忌妒与恨。在这个怪圈中，她始终无法走出来。

身为女性的昝巧儿，对自己的亲生女儿，心中同样充满了排斥，这与父亲长期的暴力行为在其心理上留下的阴影有关。因为没有文化，理解力不强，她对心中积存的负面的东西，无法进行自我消化、排解。同时，昝巧儿又不爱跟人交流，这就使她心中某些不正常的东西得不到修正，让她钻了牛角尖。浓重毒霾里的那个牛角尖，害了昝巧儿，也害了与她相关的人。

《中华人民共和国刑法》第二百三十二条规定：故意杀人的，处死刑、无期徒刑或者十年以上有期徒刑；情节较轻的，处三年以上十年以下有期徒刑。《中华人民共和国刑法》第四十九条规定：犯罪的时候不满十八周岁的人和审判的时候怀孕的妇女，不适用死刑。

昝巧儿故意杀人，以投毒的方式，致使两名无辜儿童丧命，情节特别恶劣，应该重判。但因其未满十八岁，属未成年人，在对其量刑上，法庭酌情给予减轻处罚。最终，昝巧儿被判处无期徒刑。

郎罗杰档案：

郎罗杰，男，身高 1.75 米，方脸，体形微胖。初一离开学校，到处打工。他不停地换工作，换地方，换电话。他没有文凭，没有技术，工资不高，还很累。没钱的时候，他就跟一帮"朋友"去抢。

随风飘荡

关键词：

辍学　上网　打架　抢劫

案件回放：

初一辍学后，郎罗杰经常夜不归宿。开始时妈妈还想管他，但并不起作用。后来，妈妈就放弃了对他的管教。郎罗杰到处打工，却从未在一个地方工作超过两个月。后来，他结识了一帮年龄跟他差不多、同样离开学校的孩子。他们一起上网、打架、喝酒、K 歌，没钱了，就去抢。在一次抢劫时，郎罗杰把被害人捅伤。

案发时，郎罗杰 16 岁零 7 个月。

检察机关以抢劫罪，将其起诉。

一

郎罗杰家所在的县城，就在省城边上，他家和省城之间就隔着一条黄河，班车不到半小时一趟，来回非常方便。

初一下学期，郎罗杰离开学校，去了省城打工。郎罗杰觉得，省城的机会多。他想多挣点钱，让爸爸看看，自己混得一点也不差。

郎罗杰每次跟爸爸妈妈要钱，他们都很爽快地给他，而且每次给的数额都不少。郎罗杰觉得，自己不小了，不能总是跟爸爸妈妈要钱。他想自己挣钱，自己挣来的钱，花着才更痛快。

爸爸妈妈有钱，郎罗杰从小就知道。不只他知道，县城的人，不认识郎罗杰爸爸妈妈的人也许会有，但不知道富豪大酒店的人怕是没有。

县城里的酒店，再也没有比富豪大酒店面积更大、房间更多、档次更高的了。最忙的时候，酒店一天能接待将近二百桌酒席。家里有孩子要婚嫁的，为了能在富豪大酒店订到酒席，提前半年就去找郎罗杰的爸爸交订金。

富豪大酒店的门前整天人来车往不断。酒店生意好，郎罗杰的爸爸妈妈自然每天都很忙。妈妈在前台负责结账，爸爸不仅要负责酒店的全面工作，而且每天还要不停地喝酒应酬。

县城不大，来订酒席的人，一般跟郎罗杰的爸爸都认识。有的第一次可能不认识，但下次再来喝酒的时候，就认识了，成朋友了，就需要一起喝酒加深一下感情。这样，下次人家再需要订酒店的时候，自然就会想到郎罗杰的爸爸，想到他家的酒店。

郎罗杰的爸爸几乎每天晚上都是东倒西歪地回家，迈进家门，有时连衣服都不脱，就躺在客厅里的沙发上打起了呼噜。

郎罗杰的妈妈每天要等客人都走了，把账结完了才能回家，最早的时候，也是十一点以后了。

郎罗杰已经习惯了没人管的日子。他觉得，一个人在家看电视或上网，也没人管你看了多长时间，更不会被问写没写完作业，挺好的。郎罗杰玩起来就忘了时间，常常等到睡觉的时候才想起作业还没写。早晨到了学校，他就匆忙找个同学的作业抄一下。不过那也需要他付出早起的代价，否则哪能抄得完呢。

郎罗杰的爸爸妈妈晚上回家晚，早晨起床也晚，他跟着也养成了不爱早起的习惯。每次为了到学校去抄作业，郎罗杰都要定闹钟，常常走出家门了，眼睛还没睁开。

二

郎罗杰的爸爸妈妈一心扑在酒店的经营上，根本没有时间管他的学习。有时他们忙起来，连郎罗杰有没有吃饭都会忘了。

平时上学的时候还好，郎罗杰放了学可以直接到酒店去。酒店里不缺吃的，饿了他就跑到厨房，随便找点什么填饱肚子。周末和放假的时候就不行了，郎罗杰在家睡过了头，一觉醒来午饭的点都过了。中午正是酒店里最忙的时候，没人想起来他有没有吃饭。

家里什么吃的也没有。冰箱的电源线早就拔下来了，炉灶上也落了厚厚的一层灰。酒店里吃的东西倒是很多，但郎罗杰觉得那里到处乱哄哄的，既不方便写作业，也没法玩。每天，他宁肯在家饿肚子，也懒得去酒店。

早晨吃不上早饭，郎罗杰没有怪爸爸妈妈。他们忙起来就是一整天，也就早晨还稍微有点时间，能多睡一会儿。

郎罗杰正处在长身体的时候，不吃早餐或每天凑合着吃点早餐，总不是长久之计。在郎罗杰读小学二年级的上学期，郎罗杰的爸爸妈妈商量着，找个亲戚过来照顾他。

那年，郎罗杰的表姨高中毕业后没考上大学，在家里闲着，正要外出打工。郎罗杰的妈妈说给她发工资，让她过来帮忙，把家和孩子交到她手上，自己也放心。郎罗杰的爸爸也觉得这个主意好，他们一致同意让郎罗杰妈妈的表妹过来照顾他。

表姨过来后，郎罗杰的一日三餐解决了。表姨早晨早早起床，先把他的早饭做好，等郎罗杰去上学了，再做家里另外三个人的早饭。

以往，郎罗杰的爸爸妈妈也都是随便对付着吃点早饭，有时店里突然忙了，早饭甚至就免了，午饭也不知要等到几点。郎罗杰的妈妈常常到了下午两三点钟，客人都走了，才有时间吃一天中的第一顿饭。

现在好了，郎罗杰的爸爸妈妈也能在自己家里吃上热乎乎的早饭了，他们都很高兴。

郎罗杰晚上放了学也不用往酒店跑了。老师布置的家庭作业，有表姨辅导，每天他也都能按时完成。虽然少了些看电视和上网的时间，但郎罗杰不用每天早晨早起，急着去找同学抄作业了。

自从郎罗杰的表姨来了以后，爸爸妈妈都很高兴，也很放心。他们一心一意地经营酒店，家里的事全都交给了郎罗杰的表姨。

忙完家里的事，郎罗杰的表姨有时也去酒店转转，郎罗杰的爸爸妈妈不忙的时候，就一起聊聊天；他们忙的时候，表姨有时也搭把手，或帮郎罗杰的妈妈在前台接个电话，或帮郎罗杰的爸爸理一下前一天的账单。有时，她也会在酒店里随处看看，跟服务员或厨师随便聊几句。

郎罗杰的表姨很爱说话，也很爱笑。酒店里的人都很喜欢她。如果她几天不到酒店去，再去的时候，大家就都抢着问她："这几天咋没来玩呢?"接着又有人会说："大家都想你呢。"

郎罗杰看得出来，表姨在酒店里的人缘比妈妈好不少。妈妈脾气急，看哪个做事不利索或偷懒，马上就急急火火地指出来。

三

表姨对郎罗杰的学习要求很严格。郎罗杰每次做作业，她都坐在旁边盯着。作业写不完，表姨不让他玩。遇到哪个题郎罗杰不会做了，表姨从来都不直接告诉他，而是让他先自己去想，实在想不出的时候，表姨再慢慢地启发他，最后让他自己做出来。

开始的时候，郎罗杰很不习惯。以往他不会做哪个题了，找同学的作业本直接抄一遍就好了。表姨的方法太费脑子。为此，郎罗杰也哭过、闹过、抗议过，无奈爸爸妈妈支持表姨，最终败下阵来的还是郎罗杰。

慢慢地，郎罗杰习惯了这样的方式。表姨来到郎罗杰家的第二个月，他的月考成绩在班里就提高了九个名次。郎罗杰的爸爸妈妈都特别高兴。郎罗杰的爸爸当即表态，给郎罗杰的表姨每月多加二百块钱工资。郎罗杰的妈妈也承诺，如果期末考试郎罗杰的学习成绩上去了，对表姨另有重奖。

从一年级开始，郎罗杰的学习成绩一直排在班里的后十名。爸爸常说的一句话就是："我看罗杰也不是上学的料，随我，能凑合着读完初中，会算账就行啊。看你老爸我，初中都没读完呢，现在不也混得不错嘛。我那些考上高中、考上大学的同学，也就那么回事。"

郎罗杰的妈妈说："你那都是啥年代的事了？初中毕业，现在不等于文盲吗？最差，也得读完高中。"妈妈虽然这么说，但也没时间管郎罗杰的学习。

郎罗杰以前的目标，也是能混到初中毕业就可以了。自从表姨来了以后，郎罗杰的成绩不断提高，郎罗杰也想到要读高中、上大学了。郎罗杰的爸爸也不再说让他混个初中毕业证就行的话了。

随着郎罗杰的学习成绩不断进步，表姨在他们家的地位也不断提高。爸爸妈妈有隔一段时间就去省城购物的习惯，无论他们一起去还是单独去，都会给表姨买一些这样那样的东西。郎罗杰的爸爸外出的机会更多一些，他给表姨买回来的东西，也就比妈妈给表姨买得多。郎罗杰的妈妈也经常会送给表姨化妆品、衣服及手包等。

四

不知什么原因，表姨在郎罗杰家待了几个月后，渐渐地对他的学习就不那么关心了。郎罗杰写作业的时候，她也不在旁边盯着了。偶尔在的时候，她也多半是坐在旁边玩手机。

再后来，郎罗杰遇到不会的题问她，她也显出不耐烦的样子，有时直接告诉他答案，有时甚至替他写出来。

既然这样，郎罗杰落个轻松，也就懒得再去费脑子了。

跟从前一样，郎罗杰又能随便看电视、上网了。而且，他也不用早早起床去学校抄作业了。不过到了考试的时候，没有人告诉郎罗杰答案了，他的成绩又回到了从前的样子。

郎罗杰读小学三年级的那年夏天，妈妈突然说不让表姨在家里干了，要她回乡下的老家去。

当时郎罗杰感到很纳闷：表姨在这里干得好好的啊，差不多就是他们家的一个人了，妈妈为什么突然让她走呢？郎罗杰仔细想了想，觉得也许是表姨替他写作业的事让妈妈知道了。可郎罗杰写作业的时候，爸爸妈妈都不在家啊，这样的事，郎罗杰和表姨都不可能会说的，爸爸妈妈怎么可能会知道呢？难道是爸爸妈妈嫌表姨比以前懒了？

表姨现在早晨竟然也常常起床晚了，做的饭也不像刚来时那么精细了。哪天她不愿做饭了，就打电话让店里的人做好，她过去拿回来。也许是从小在饭店里吃的饭太多了，郎罗杰不喜欢吃饭店里做的饭。他觉得爸爸妈妈肯定也不喜欢总是吃饭店里做的饭。

要不就是爸爸妈妈以往给表姨不断涨工资，现在突然觉得涨得太多了？表姨的工资确实有点高了，郎罗杰有一次听班主任跟别的老师聊天时，说到了自己的工资，老师的工资还没有表姨的工资高呢。可是，家里会在乎这几千块钱吗？再说了，表姨是妈妈的表妹，就是嫌工资高，也应该是爸爸不满意啊，怎么会是妈妈呢？

后来，表姨果然离开了郎罗杰家。但从那以后，郎罗杰的爸爸也经常晚上不回家了。表姨离开郎罗杰家后并没有回老家，而是去了省城。郎罗杰听说，爸爸在那里给她买了一套房子。

五

郎罗杰的爸爸妈妈闹了将近两年，终于离婚了。

两年的时间，他们无心经营，酒店的生意一落千丈。那么大的酒店，常常一整天连一桌客人都没有。

郎罗杰选择跟妈妈一起生活。他觉得妈妈太可怜了，短短两年的时间，妈妈老了很多。说不准什么时候，她就会哭。有一天夜里，郎罗杰去洗手间，走到客厅里，突然发现沙发的位置有个红点在闪，他吓了一跳。等缓过来，郎罗杰才意识到，那是妈妈独自坐在沙发上吸烟。郎罗杰知道，妈妈以往是最不喜欢闻烟味的，他不知道妈妈啥时候学会了吸烟。

妈妈经常会自责，跟不同的人说着同样的话："日子本来好好的，我咋就不长眼，引狼入室了呢？"

爸爸妈妈离婚那天，郎罗杰也去了法院。看到爸爸妈妈从法院出来后各奔东西，他没有哭，也没有闹。他想不明白爸爸和表姨为什么会这样。他突然感到了成人世界的麻烦和可怕。

无事可做的妈妈一天到晚在家絮叨，翻来覆去地述说她创业时的各种不易，然后又后悔引狼入室，说着说着就会哭起来。开始的时候，郎罗杰还劝妈妈别伤心。后来，妈妈实在太絮叨了，过去的那些事说了又说，郎罗杰实在懒得听，也懒得再对妈妈说什么了。

遇到妈妈絮叨，郎罗杰却不说话的时候，妈妈又会怪他不向着自己说话，怪他不去找那两个人闹。"是那个女人把你爸爸夺走了，把咱家的好日子夺走了，你整天咋像没事人一样呢？"妈妈总是这样恨铁不成钢地对他吼。

郎罗杰看着歇斯底里的妈妈，实在想不明白：以往那么能干又那么利索的妈妈，经历了这次婚变后，怎么一下变得这么缺乏理智了呢？两个人婚都离了，去找爸爸闹，就能把爸爸闹回来吗？郎罗杰只敢在心里这样想，不敢跟妈妈这样说，怕说出来妈妈会更伤心，更怪他不向着自己。

郎罗杰觉得心里烦的时候，就出去找个网吧或游戏厅玩一阵子。到了那里，进入网络世界，那些烦恼和不快就暂时远去了。他在家的时间越来越少，一个人在外边的时间越来越多。有时，他想到妈妈一个人在家挺可怜的，自己应该多在家陪陪她，可是想到她的哭泣和絮叨，他就又不想回家了。

郎罗杰在教室里坐不住了，脑海里全是那些游戏、那些人物。好像有一个看不见的钩子，把他的魂勾走了。

郎罗杰开始逃课。

六

升入初中后，郎罗杰的功课更跟不上了。郎罗杰的班主任建了一个班级家长群，每次考试成绩出来了，她都要在群里发消息。这样，班里每个人的学习成绩，不止是班里的同学知道，就连所有同学的家长也都知道了。郎罗杰基本每一科都是在最后。

郎罗杰觉得在学校里越来越抬不起头来。没跟任何人商量，他就离开了学校。

郎罗杰的妈妈肯定也看到了班主任老师在群里发布的成绩，郎罗杰离开学校后，妈妈也没再勉强让他回去。

在家过了一段困了睡、饿了吃、醒了玩的日子，郎罗杰开始还觉得这种生活挺好的，不用按时起床去上学，不用挨老师批评，不用怕考试，更不用怕老师在群里发考试成绩。可是这样的生活过了不久，郎罗杰便觉得烦，觉得无聊。

整天在家，郎罗杰跟妈妈之间也难免会出现这样那样的矛盾。有时郎罗杰出去玩，太晚了就不回家，在朋友家或网吧过夜。妈妈生气了，就骂他："整天在外边瞎混，你自己说，除了玩，你到底干啥能行？"

被妈妈骂得多了，郎罗杰心里很恼，恼妈妈，也恼自己："是啊，我到底干啥行呢？学习是不行，这我知道。出去混难道我也不行吗？爸爸曾经说过，他连初中都没上呢，不也一样混到了上千万的家产？我不能总是这样在家待着了，我也要出去混。混出个人样来，让他们看看，我学习成绩不好，但我干别的还是很厉害的。"

郎罗杰要把自己的能力证明给大家看。他想，等混好了就去找爸爸，让他看看他当初丢下自己和妈妈走了，自己照样过得很好。

郎罗杰去了省城，他觉得那里机会比县城更多。

七

郎罗杰在心里给自己定了一个工资标准，他想如果招聘单位给他的月工资少于两千，他扭头就走人，两千块钱连吃住和通信费都不够，最起码也要两千五以上。至于具体做什么工作，郎罗杰没有想好。去省城之前，他从网上查了一些信息，看到很多单位都在招人，而且工资也不低。

等郎罗杰循着那些信息，去那些单位应聘，才知道网上的内容与现实的差距实在太大。那些所谓的信息，基本上全是假的。

从家里带来的钱花得差不多了，找工作的事却还一点着落都没有。郎罗杰心里开始有些着急了。

后来，再到一个招工点去面试的时候，他也不再管到底给多少工资了。他想，只要人家能要他，他就先干着试试。然而，即使标准一降再降，他还是找不到工作。招工单位要么嫌他年龄小，要么嫌他没文凭，要么嫌他没工作经验，反正是各种挑剔。到了这时，郎罗杰彻底没脾气了。

后来，郎罗杰终于找到了一份工作，在工地上看管物料。他跟工人一起吃工地上的大锅饭，住在一个简易棚里，每个月800块钱工资，一天24小时不能离开工地。就是这样的工作，如果不是看物料的人家里有急事走了，工地上一时找不到合适的人，人家都不想要他呢。

郎罗杰当时想，800块就800块吧，反正也不是很累，好歹这也是自己找到的第一份工作啊。再说了，他总不能出来一趟，啥工作也没找到，就又跑回家去啊。那样的话，他觉得太没面子了。

这工作乍一看挺简单的，不用出大力，也没啥技术可言，可实际干起来，并没那么简单。工地在一个离市区很远的荒地里，别说网络，连电视都没有。工地上的饭也难以下咽，每天早晚都是馒头、咸菜。在家的时候，这两样东西，郎罗杰多少天都不碰一碰的，在这里却成了主食。只有中午的时候，有一盆白菜或冬瓜汤，清汤寡水的，郎罗杰觉得对着那个盆子看一眼，胃就先饱了。可即便是这样的汤菜，去晚了也就没有了。

待了不到两天，郎罗杰就烦了，想离开。可他仔细想了想，又不知道能往哪里走。再说了，自己好歹也在这个地方工作了两天，总不能一分钱工资不领就走吧。

当时面试的时候，工地上的包工头就跟郎罗杰说过，工资一月一结，第一个月干不满没工资。

郎罗杰咬牙忍着，他要忍到拿到工资以后再走。他运气还不错，老板没有拖欠工资。第一个月工资发下来的当天，郎罗杰招呼也没打一声，就离开了那个尘土飞扬的建筑工地。

接受了上次找工作的教训，郎罗杰从此把目标锁定在了市区。

一家洗车店正好招人，工资只有600元，但有一个放杂物的小间可以住，也管吃饭，还有免费的网络。郎罗杰就在那家洗车店落下了脚。

店里为郎罗杰提供的免费住宿的地方，只放得下一张很窄的小床，窗户上连玻璃都没有，一块破塑料布挡在上面，风一吹，不停地响。店不大，活却不少，白天郎罗杰很难有闲下来的时候，双手整天泡在冷水里，风一吹，裂开了好多细小的口子，不停地往外渗血。

这些郎罗杰都能忍，让他无法忍受的是老板的脾气。老板动不动就骂他，嫌他车擦得不干净，嫌他不及时把地上的水扫进排水沟，嫌他早晨起床晚……老板每天都能找出各种各样的理由把他臭骂一顿。

郎罗杰忍受着，等待着发工资的日子。

八

到底换了多少工作，郎罗杰自己都不记得了。每一份工作，都有这样那样的不如意。他忍到领了第一个月的工资，就重新换个地方。他总以为，下一份工作也许会好一些。但等待他的，往往是新的不如意。

郎罗杰在各处换来换去，认识了不少新朋友。不上班的时候，他们就在一起混。

郎罗杰很少往家里打电话。除了不停地换工作，郎罗杰还频繁地换电话卡。妈妈想给他打电话，但电话号码往往已是空号。

每次郎罗杰给妈妈打电话，妈妈说着说着就哭了。她要郎罗杰回家。听到妈妈哭着说想他，郎罗杰有时心里也挺难受，但他不想回去。即使家里再安逸，在省城吃再多的苦，他也不愿回去。

在特别无聊的时候，郎罗杰偶尔也会给爸爸打个电话。其实他跟爸爸也没什么要说的，甚至连他在省城工作的事，郎罗杰都没有告诉爸爸。郎罗杰觉得告诉爸爸也没用，爸爸是有钱，但自己不想要他的施舍。

郎罗杰跟他的那帮朋友混得越来越熟，他们经常一起喝酒，一起唱歌，一起玩游戏。后来，不知是谁提议的，在一个酒后的夜晚，他们几个人一起抢劫了一个骑摩托车的人。抢了几百块钱后，他们找了个地方接着喝酒，一直喝到天亮。

毕竟是第一次做这样的事，事后郎罗杰很害怕，夜里也常做噩梦，梦到被警察抓到了。但随着时间的推移，这事在他心中就慢慢地变得淡了。他见朋友们都没出什么事，警察也没来找他们，也就不再害怕了。

有了第一次之后，当那些朋友又来约他的时候，郎罗杰一口就答应了。对这种事，他似乎觉得有点无所谓了。

在之后的日子里，只要手里缺钱，他们几个人就商量着去抢。开始的时候，他们是骑着摩托车到偏僻的城乡接合部去抢。后来抢得多了，他们也就不再在意时间和地点了。

最后这次，他们晚上一起喝了酒，到公园里去玩，看到有两个女的在公园的假山后边坐着聊天。郎罗杰的一个朋友说，看那两个人像是同性恋，抢了她们，她们肯定也不好意思报警。

于是，郎罗杰和他的两个朋友一齐朝那两个女人围了过去。

他们本来以为，他们面对的是两个女人，不用他们动手，她们就会乖乖地把钱包掏出来。然而他们没想到的是，其中一个女的长得高大健壮，好像没把郎罗杰和他的两个朋友看在眼里，拉起身边那个女的就想走。

郎罗杰他们自然是不会让她们走的。就这样，他们打了起来。

后来，不知是谁打了报警电话，警察赶到的时候，郎罗杰才知道，他捅伤了那个高个子女人的腹部和手臂。

九

开庭的时候，郎罗杰的妈妈没有来。听说她生病住院了，无法到庭。

郎罗杰说，听到这个消息，他心里突然一下子很疼，低下头使劲想了又想，竟然想不起妈妈的模样。郎罗杰哭了。

庭审结束后，郎罗杰的爸爸走到他跟前，对他说：

"罗杰，你怎么会这样？咱家缺钱吗？缺你吃缺你花吗？"

郎罗杰没有说话，对着明显苍老了很多的爸爸，忍不住冷笑了一声。

郎罗杰被两名法警押着朝警车走去。他偶尔抬头，看到一个身影在拐角处闪了一下，不见了。那个身影，实在像极了妈妈，不论身段还是发型，甚至连衣服都很像。

郎罗杰呆呆地望着那个方向，眼泪忍不住又滚了下来。

庭后絮语：

郎罗杰的爸爸妈妈因为忙于生意，对郎罗杰的学习甚至基本的生活都无暇顾及，致使郎罗杰从小就养成了不爱学习、想玩就玩、想睡就睡的不良生活习惯。

在郎罗杰的成长过程中，他的爸爸妈妈灌输给他的，不是"努力学习，将来成为一个对社会有用的人、一个有价值的人"，而是说什么"看你老爸我，初中都没读完呢，现在不也混得不错"之类的话，致使郎罗杰对学习没信心，没动力，也没目标。小小年纪的郎罗杰，整天过着混一天是一天的日子，学习成绩自然就不好。

郎罗杰并非智商不高的孩子，在表姨刚来家里的几个月，因为表姨对他学习的关心和严格要求，他的成绩一下提高了很多。他因此也有了信心，有了前进的动力和方向，也想像别的同学那样，考一个好高中，然后考大学。

然而好景不长，随着表姨对他的学习越来越没有耐心，郎罗杰刚刚树立起来的目标随之消失了，他的成绩又倒退回了从前。

郎罗杰的爸爸妈妈离婚后，爸爸离开他们母子去了省城，妈妈一下成了絮絮叨叨的怨妇，加上班主任把成绩单发布在群里让他感到耻辱，最终他没有跟任何人商量，就离开学校，过早地步入了社会。

爸爸的离去，给年少的郎罗杰的心灵造成了极大的伤害。妈妈的唠叨，让郎罗杰觉得自己"很无能"。后来，他离开家，选择去省城打工。他宁肯吃苦受罪，也不向爸爸妈妈伸手要钱。他想："混出个人样来，让大家看看，我学习成绩不好，但我干别的还是很厉害的。"他不停地换工作，不停地换手机卡，如一片飘荡在空中的叶子，没有目标，也没有方向。表面上看，他是不想让妈妈找到他，不想回家。他宁肯待在网吧、流浪在街头，也不愿意面对妈妈，不愿意陷入家庭的烦恼之中。但实际上，这也是他内心孤独、缺少安全感的一种外在表现。

从众多未成年犯罪案例来看，辍学流入社会的未成年人，因为缺少技术，缺少文化，体力也不如成年人，他们的生活及处境一般都非常艰难。他们不可能找到满意的工作，只能生活在社会的最底层，过着惨淡不易的人生。真实的生活，与他们之前所想象的，相差太远。

不少过早离开学校的未成年人，像本案中的郎罗杰一样，不停地换工作，最后迫于生计或为了寻求刺激而结伙犯罪。其实，每一个问题孩子背后，必然有一个问题家庭。他们的成长轨迹，也大多与本案中的郎罗杰差不多：家庭教育、学校教育失败后，辍学离家流落社会，然后流连网吧，结交"哥们"，最后实施合伙打架、抢劫等各种违法犯罪行为。过早辍学流入社会、夜不归宿的孩子，他们的人生之路已经偏离正轨太多了。如果此时孩子的父母和老师不能及时地拉一把的话，他们可能会在弯路上越走越远。

《中华人民共和国刑法》第二百六十三条规定：以暴力、胁迫或者其他方法抢劫公私财物的，处三年以上十年以下有期徒刑，并处罚金；

有下列情形之一的，处十年以上有期徒刑、无期徒刑或者死刑，并处罚金或者没收财产：

（一）入户抢劫的；

（二）在公共交通工具上抢劫的；

（三）抢劫银行或者其他金融机构的；

（四）多次抢劫或者抢劫数额巨大的；

（五）抢劫致人重伤、死亡的；

（六）冒充军警人员抢劫的；

（七）持枪抢劫的；

（八）抢劫军用物资或者抢险、救灾、救济物资的。

此案中，郎罗杰多次参与抢劫，且致人重伤。经鉴定，受害人伤情为重伤二级。法律是严肃的，即使郎罗杰对自己之前的所作所为痛心疾首、无比悔恨，但他曾经做过的那些事，也还是要付出代价的。

汲明珠档案：

汲明珠，女，初中文化。身高 1.60 米，体形偏瘦。长圆脸，大眼睛。案发时，汲明珠 15 岁零 7 个月。

无处不在的恶魔

关键词：

父母离异　继父强奸

案件回放：

多次被继父强奸，但因为家庭特殊，羞恨交加的汲明珠无法将实情告诉妈妈。她想到了自杀，想到了病亡。她想用结束生命的方式来结束这一切，却未能如愿。在又一次被强奸后，她把早就准备好的一包毒鼠药倒进了继父的酒杯中，致使继父死亡。

检察机关以故意杀人罪，将汲明珠起诉。

一

那件事发生的时候，汲明珠刚刚过完 12 岁生日。

那天，汲明珠的姥姥突然病重住进了医院。汲明珠的妈妈匆忙给她的班主任打了个电话，就去了镇上的医院。

晚上放学回到家，汲明珠给妈妈打电话，问了姥姥的病情。妈妈说，姥姥突然中风跌倒，到现在还不省人事，医生让家属考虑转到县医院。妈妈还说，如果姥姥转院，她也要跟着过去。妈妈让汲明珠自己在家锁好门，晚上早点睡，早晨别误了上学。

汲明珠一一答应着，然后从冰箱里拿出鸡蛋和西红柿，准备自己煮碗面条吃。

姥姥身体一直不好，经常生病。舅舅和舅妈都在很远的地方打工。姥爷年纪大了，也不能照顾姥姥。每次姥姥病了，妈妈就得过去照顾。姥姥家离她家不远，也就三四里地，妈妈骑自行车，半个多小时就到了。

只要姥姥病得不是太重，不管多晚，妈妈都会赶回家来。她担心汲明珠一个人在家害怕，担心她早晨起不来误了上学，担心她吃不上早饭。

有一次，姥姥病得很重，发烧，不停地呕吐。妈妈实在无法扔下病中的姥姥和年迈的姥爷回家来，就打电话跟汲明珠商量，问她能不能一个人在家睡一晚。妈妈说早晨天亮就回来，误不了给她做早饭。

汲明珠当时虽然有点不愿意，因为她从没一个人住过，有点怕，但想到姥姥病得那么重，妈妈确实无法离开，就答应了。

那个夜晚，汲明珠久久不能入睡。她把头蒙在被子里，不敢睁眼，不敢看任何地方，最后终于迷迷糊糊睡着了。睡梦中，一个长胡子长头发的影子，就在她不远处站着，汲明珠被吓醒了。她重新把头蒙进被子里，浑身不停地抖。她不敢再睡，怕睡着了又梦到那个影子。

第二天早晨，一夜未合眼的妈妈趁姥姥睡着了，又赶忙骑车回家来喊汲明珠起床，然后给她做早饭。

当妈妈问汲明珠晚上一个人在家害不害怕时，汲明珠眼泪都快流出来了。可是看到满脸憔悴、疲惫不堪的妈妈，汲明珠还是摇了摇头。

以后，再遇到姥姥生病、妈妈晚上无法回来的时候，汲明珠就一个人在家睡。每次睡觉前，她都一遍遍地检查大门、房门、窗户和煤气开关，然后早早躺进被窝，不再出来。

她依然难以入睡，还是做噩梦，但汲明珠觉得，比起第一次一个人在家睡时，已经好多了。

妈妈也说，害怕什么啊，那些鬼怪故事都是编来吓人的，是自己吓自己。

二

汲明珠吃完面条，写完作业，早早就睡下了。开始她睡不着，以前听过的鬼怪故事里的细节和人物不时地跳到眼前，搅得她无法入睡。

汲明珠不知道自己是什么时候睡着的。听到房门被打开的响动时，汲明珠猛地睁开了眼睛。开始她以为鬼怪来了，身体不由得抖成一团。紧接着，一个更可怕的念头在汲明珠脑海里闪了一下：是小偷！一定是小偷趁自己睡着，打开门进来了。

汲明珠一下蒙了，她本能地用被子把自己紧紧包住，抖成一团。

客厅里的灯亮了，一个有点熟悉又有点陌生的声音飘了过来："明珠，睡了吗？你妈妈咋不在家呢？"

听到这个声音，汲明珠终于长长地舒了一口气。站在客厅里的那个人，原来是她的继父。

"爸爸，你回来了？姥姥病了，妈妈去姥姥家了。"汲明珠裹着被子从床上坐起来，扭头对客厅里的继父说。

"哦，去你姥姥家了？咋也不跟我说一声呢？"

"妈妈可能不知道你今天回来吧。"说完，汲明珠重新躺到了床上。没有鬼怪，也没有小偷，她终于可以放心地睡觉了。

继父在县城的一个单位打工，平时两三个星期才回来一次，不知道这天他怎么突然回来了。

继父先回了他的房间，不一会儿，他又回到客厅里喝水。

汲明珠家的房子共三间。中间的一间是客厅，东边大的一间是妈妈和继父的卧室，西边稍小的一间隔成了两半，汲明珠住在前半部分，后半部分用来放东西。东、西两间的房门，就开在客厅里。

感觉被子被拽开的时候，汲明珠已经睡着了。开始她以为是做梦，等意识到并非在梦中的时候，汲明珠醒了。汲明珠先是闻到了一股很浓重的酒味。睁开眼睛，借着客厅里投进来的灯光，她看到了一张比鬼怪还要可怕的狰狞的脸，就在离她的脸不到一个巴掌的地方。

汲明珠猛地坐起来，双手紧紧抓住被子。但是，汲明珠的力气哪有继父的力气大？身上的被子几次被拽到一边，汲明珠又拼命夺了回来。汲明珠胡乱扯住一个角，把被子盖在自己蜷曲的身上。

趁继父抬手擦汗的瞬间，汲明珠抬脚朝他的肚子踹去，毫无防备的继父被汲明珠踹到了地上。

继父从地上爬起来，扑上来，用手猛地一拽，汲明珠身上的被子一下被拽了过去。他把被子团了一下，扔到了客厅里。

在继父恶狼一样的目光逼视下，身上已没有被子遮挡的汲明珠惊恐地把胳膊抱在胸前。她慢慢地往后挪动着，直至挪到了墙角，再也无法后退。

一只魔爪伸过来，只一把就把汲明珠拽到了床边。

在刚才的撕扯中，汲明珠的力气差不多用完了。看着面前这个狼一样的男人，汲明珠知道自己不是他的对手。她赤脚跳到床下，跪在男人的脚下，哭喊着："爸爸，爸爸，求求你，别这样!"

让汲明珠没想到的是，那个男人扬起手，用力朝她脸上甩过来两巴掌，恶狠狠地说："我不是你爸爸，你爸爸早跟别的女人跑了。"

说着，他一把扯起汲明珠的胳膊，把她扔到了床上。

汲明珠的头被重重地撞到了墙上，睡衣、睡裤被扯下来丢在了地上。

三

那个男人，汲明珠是一直喊他"爸爸"的。

妈妈嫁到这里来的时候，汲明珠只有三岁多一点。

从那时起，汲明珠就开始喊他"爸爸"。汲明珠小的时候，他从城里回来，偶尔还会买些小零食给她，有时串亲戚，他也会用摩托车带着汲明珠一起去。

在一起生活将近十年了，汲明珠早已把他当成自己的爸爸了。可是，他竟然做出了这样的事！

离开小房间前，男人恶狠狠地对汲明珠说："别说出去。别人知道了，看你还能在这儿待下去！离了这个地方，看你们俩能去哪儿？"他还说："你不怕你妈妈被气死，就跟她说。反正，我是啥都不怕！"

那个夜晚，汲明珠把自己裹得严严实实，躲进被子里，一直哭到天亮。

在这个夜晚之前，汲明珠一直以为，这个地方就是她的家。可是，从男人的话里，汲明珠知道，这里其实不是她的家。如果汲明珠真的把事情说出去，他可能就会撵她和妈妈走。说到底，这里只是这个恶人的家。

离开这里，她和妈妈能到哪里去呢？这个问题在汲明珠脑海里来回转着，她找不到答案。

那个本该是汲明珠爸爸的人，在她不到一岁的时候，就跟另一个女人跑到了别处，一直没有消息。在离开之前，他把汲明珠和妈妈住的房子抵押了出去，汲明珠和妈妈是被别人撵出来的。

妈妈抱着只有几个月大的汲明珠，无处可去，只能在姥姥家暂住。当时，汲明珠的舅舅和舅妈还在家，妈妈受尽了舅妈的白眼和冷言冷语。

汲明珠三岁的时候，经人介绍，妈妈带着她嫁到了这里。

这个夜晚，汲明珠不停地痛哭，心中被这样那样的事塞得满满的：如果说出去了，她和妈妈可以离开这里，暂时住到姥姥家。反正舅舅舅妈现在在外地打工，也不在家。可是，妈妈肯定会着急、生气、自责。妈妈有心脏病，不能着急生气。再说了，同学、老师知道了，周围的人知道了，会怎样看她？他们会不会觉得她是坏孩子？会不会没有人跟她一起玩，没有人理她？思来想去，汲明珠找不到出路。有那么一瞬间，她甚至想到了死。

可是，她想不出用什么方法去死。顺着这条路想下去，汲明珠先想到了妈妈：她死了，妈妈怎么办？妈妈就她这一个女儿，如果没有了她，妈妈还怎么活？

想到妈妈，汲明珠的心疼得像刀割一样。她想：为了妈妈，她得忍着，不能死。往后，她不能一个人在家了。姥姥再生病的时候，哪怕她不去上学，她也要跟妈妈待在一起。

四

趁妈妈还没回来，汲明珠强忍着腹痛，把染上血的床单和衣服洗净。

天还没亮，那个恶魔就跑了。妈妈并不知道他回来过，汲明珠也没有告诉妈妈他回来过。

妈妈是傍晚从姥姥家回来的。汲明珠尽量装出什么事也没发生的样子，但妈妈还是看出了她的异样。妈妈问她怎么了，是有同学欺负她，还是迟到被老师罚站了？

汲明珠摇了摇头，把涌上来的泪水用力摇了回去。其实，整整一天，汲明珠都没去上课，她给老师打了电话，谎称自己感冒了。

妈妈还在不停地问："是作业没写完，还是晚上害怕没睡好？"

那一刻，汲明珠多想扑到妈妈怀里，痛痛快快地哭一场，把昨天晚上发生的事跟妈妈说出来。可是，她知道那样做的后果。汲明珠强忍住泪水，调整了一下呼吸，轻声对妈妈说："昨天晚上总是听到门口有响动，院子里有响动，我一夜都没睡着。"

妈妈拍了拍她的背说："昨天晚上刮风了，是风啊。"

"哦。"汲明珠应着，忍不住抱住妈妈的腰，将额头紧紧抵在妈妈的肩头，"妈，往后你再去姥姥家住的时候，我也跟你一起去。"汲明珠尽量平静地说着，泪水还是充满了眼眶。她怕妈妈看到，抬手把眼泪抹掉了。

如果妈妈接着问下去，也许汲明珠会忍不住把真相说出来。可是，妈妈没有再问下去。汲明珠知道，妈妈这两天肯定很累，她的身体本来就不好。

"行。越大越胆小了。"妈妈应着，轻轻地拍了拍汲明珠的背，"快写完作业早点睡吧。"

妈妈说完，就去忙了。

回到小屋里，看着面前的一切，汲明珠的心忍不住又痛起来。屋里的一切，汲明珠虽然都彻底清洗、打扫了一遍，但那彻骨的痛哪能清洗、打扫得掉？特别是那张床，汲明珠不敢躺在上面，甚至连看它一眼，心里都疼痛难忍。

关上门，关了灯，汲明珠蜷缩在最里边没有被恶魔碰到的那个角落。昨晚的一幕就在眼前，那么真切，像

是正在发生。汲明珠用力咬住自己的衣袖，不敢让自己哭出声来，她怕妈妈听到。胳膊被牙齿咬得渗出了血，汲明珠竟然没有感觉到一丁点儿的疼痛。

<h2 style="text-align:center">五</h2>

汲明珠常常做噩梦，梦到那个恶魔一下就把她身上的衣服脱得精光，然后把她推到大街上。汲明珠努力想找点什么遮盖自己，可是环顾四周，竟连一片可以遮羞的树叶都找不到。汲明珠不敢哭，怕哭声引来更多的围观者，她只能蹲在一个角落里，抱紧自己。汲明珠惊恐地看着不远处来来回回的同学、老师和妈妈。那个恶魔狞笑着朝汲明珠扑过来，伸开手掌一下罩在汲明珠的头顶上。就像恐怖片里魔力无边的鬼怪，他轻轻一下，就把汲明珠抓在了掌心里。汲明珠拼命挣扎，却只是徒劳。

在这之前，汲明珠的学习成绩一直很好，也很稳定，总成绩一直排在年级前五名。自从发生了那件事，她的学习成绩直线下降。老师找汲明珠谈过多次关于学习的重要性，关于将来的前途等。学习的重要性，汲明珠在一年级就知道了；关于将来，她以前也想过不止一次。汲明珠的将来，就是好好学习，考上一个好大学，找个好工作，赚钱养活妈妈。妈妈这一生太苦了。汲明珠经常想，等她长大了，要努力让妈妈的日子不再难过。

白天，她的头总是昏昏沉沉的，眼前也总是出现那些让她憎恨到骨子里的画面。她越是不让自己去想，那一幕幕就越是不停地跑到眼前来，赶也赶不走。课堂上老师讲了什么，汲明珠经常听不到。她强迫自己回到以往听课的状态，可刚听了一两句，思绪就又被那些乱七八糟的东西冲得七零八落。

妈妈看到女儿的学习成绩下降得厉害，非常着急。她告诉汲明珠："像我们这样的家庭，只有好好学习这一条路可走，没有第二条。"

这些道理，汲明珠是知道的，而且在很小的时候就知道。其实，汲明珠自己更着急，她也想让自己的学习成绩像从前一样，不让老师失望，不让妈妈失望，也不让自己失望。

可现实是，别说提高成绩，就连止住后退的脚步都很难。汲明珠开始恨自己，恨自己的学习成绩上不去，恨自己管不住自己的思绪。

六

寒假即将到来的某一天，那个恶魔用摩托车带着他的行李，回家来了。不知因为什么，他被单位辞退了。

汲明珠心里更害怕了，但又无处诉说。不管妈妈到哪里去，汲明珠都会找个借口，跟着妈妈一起去。然而，整天生活在同一个屋檐下，汲明珠再怎么防备，也是防不胜防。

有了第一次之后，第二次再侵犯她的时候，那个男人就变得更加有恃无恐。

汲明珠最害怕的是放学的时候，那个魔鬼在家而妈妈不在家。等到了屋里，发现妈妈不在家的时候，汲明珠想跑就来不及了。每天放学的路上，汲明珠都害怕得要命，她怕只有那个魔鬼在家。

即使妈妈在家，汲明珠也不能整天紧跟在妈妈屁股后面。有时妈妈在厨房做饭，汲明珠在自己房间里写作业；有时妈妈突然想起什么事，临时到邻居家拿什么东西；有时妈妈在院子里洗衣服……这些时候汲明珠没有察觉，而他却都知道。就连妈妈去厕所的工夫，他都能去汲明珠的房间骚扰她，不管白天还是晚上。

汲明珠对生活充满了恐惧。她整天提心吊胆，不知道啥时候那个恶魔就会张牙舞爪地出现在面前。

有好几次，当妈妈问她为什么学习成绩上不去、为什么不快乐的时候，汲明珠真想扑在妈妈怀里，把一切都告诉妈妈。可是，每次话到了嘴边，在喉咙口堵得气都喘不上来，可就是无法说出口。

最后，汲明珠已不再那么难过，取而代之的，是对生活、对未来、对自己的深深的绝望。

七

没有人知道，这个生活在如此恶劣环境中的女孩，一天天是如何熬过来的。

汲明珠曾经无数次想到死，可自己死后留下妈妈一个人，她该怎么办？这两年，妈妈的身体越来越不好，走路稍快一点，都累得喘半天。她问自己："如果我死了，妈妈可怎么活？可我不死，活着又有啥意思？"

汲明珠有一个同级不同班的同学，得白血病后医治无效，离开了人世。听到这个消息，同学们都很害怕，好几个同学都哭了，可汲明珠不怕。她暗暗盼着这样的事能发生在自己身上。晚上睡不着的时候，她就想，哪一天她也跟那个同学一样，去了另一个世界，那该多好啊。

她想：她自杀了，妈妈肯定会特别难过，但她得病死了，妈妈心里就会好受一些，她也不会那么自责。

可是，汲明珠一直没得什么病，即使生病，也都是感冒、发烧之类的小病。每次生病，汲明珠都尽量不让妈妈看出来。她忍着各种难受，就盼着病能慢慢发展，然后变成不治之症。

有一次汲明珠发烧，头疼得像要裂开一样，浑身冷得像掉进了冰窟中，走路发飘。她想，这回也许是很严重的病吧。汲明珠在心里默默地跟妈妈告别，对妈妈说："不是我愿意离开这个世界，离开妈妈，而是我的病到了无法医治的地步。"

想象着妈妈抱着自己痛哭的样子，汲明珠的眼泪也忍不住流了下来。

快死的时候，要不要跟妈妈说出实情呢？每次想到死亡，这个问题就会在汲明珠的脑海里转来转去。可是想了无数次，汲明珠依然想不明白，到底该不该把那件事告诉妈妈。

如果不说，她死后那个人会变得像好人一样吗？他会对妈妈好吗？她把这个秘密带到了另一个世界，妈妈心里的难受会少一些吗？

汲明珠不知道该怎么办，她只盼着能跟那位因病去世的同学一样，尽快离开这个世界。

八

那包药，汲明珠买了很久了。卖药的是一位老伯伯，当时，他跟汲明珠说，这个药治老鼠很灵、很管用。

汲明珠把买回来的药藏在一摞旧书中间，用绳子来回捆扎了很多道。那摞旧书被捆扎得像一枚粽子一样结实。汲明珠知道，她的书，并没有人动。

晚上睡不着的时候，汲明珠恨不得立刻爬起来，把那包药灌到那个恶魔的嘴里。她总是恨自己白天的时候没有行动。

可是真到了白天，她又犹豫不决了，心想：要不再等到明天吧，到了明天，一定要让他喝下去那包药。

就这样，一天又一天，汲明珠不停地计划，又不停地自责，始终没有行动。有时候晚上睡不着，她就打开那摞书上的绳子，把药拿在手上，看着包装纸上那只老鼠，就像看到了那个恶魔的下场。

那天是周末，吃过早饭，汲明珠想洗头，妈妈给她烧好水，汲明珠解开辫子，开始洗起来。

就在汲明珠刚把洗发液抹到头发上的时候，邻居婶婶突然喊妈妈过去帮个忙。

听到妈妈往外走的脚步声，汲明珠心中有些慌。她顾不得满头的洗发液泡沫，慌乱地抓起身边的毛巾。汲明珠想擦掉脸上的水，跟在妈妈身后一起出去。

可是，还没等汲明珠把进了洗发液的眼睛睁开，那个恶魔就一步跳到她跟前，一只手拽着她滴水的头发，另一只手用力捂住她的嘴巴，把她拖进卧室，扔到了床上。

这一次，汲明珠没有反抗，也没有哭。她知道，这一切都没有用。汲明珠朝那摞书看了一眼，透过那些花花绿绿的纸，她看到了那包药。

九

又一次得逞的恶魔喝着茶，听着收音机，那只肮脏的手还随着收音机里的唱腔在桌面上打着拍子。到了中午，他竟然让汲明珠的妈妈炒两个菜，他要喝酒。平时，他也经常喝酒，只不过以往没有表现得这么得意、这么张扬罢了。

两杯酒之后，他就有点糊涂了。汲明珠没想到他这回糊涂得这么快。

趁着那个恶魔到院子里去上厕所，汲明珠把妈妈支去了厨房。她把那包药一点不剩地全倒进他的酒杯，然后在那只杯子里倒满了酒。汲明珠双手抖得厉害，酒洒得到处都是。

那个恶魔坐下后，想也没想就端起了酒杯。汲明珠怕他会发现异样，又怕他喝一小口，会尝出异样来。刚才，他就是一小口一小口地喝的。

不知道为什么，这次他端起酒杯来，好像看都没看，一仰头，把杯子里的酒一口喝了下去。

一口菜还没吃到嘴里，恶魔就一下倒在了椅子上。紧接着，他跌到了地上，再也没能爬起来。

圆桌对面的孩子·迷雾中的女孩

十

法庭上，面对审判长、律师、公诉人及监护人，汲明珠说："我不后悔，我想不出来活着有啥意思。在我还不会喊爸爸的时候，那个应该是我爸爸的人，跑得无踪无影，至今不知身在何处。可能在他的心里，根本就没有我这个女儿吧，否则十几年来他怎么就没有一丁点儿消息，甚至连个电话都没给我打过呢？

"跟随妈妈来到这里，又遇到了这样一个恶魔。如果不是放心不下妈妈，我早就不活了。我心里最爱的，只有妈妈，尽管为了这样那样的事，有时甚至为了一点小事，我就跟妈妈吵。每次吵过之后，我就会后悔，就会躲到一个没人的地方偷偷哭一场。

"现在，我走了，没人跟妈妈拌嘴了。我妈好可怜。"

庭后絮语：

汲明珠的不幸遭遇，使接触这个案件的每一个人都感到很心痛。这个不到一周岁就被亲生父亲抛弃的女孩，希望通过自己的努力，将来能让同样受尽苦难的母亲得到幸福。然而，她的恶魔继父彻底毁掉了她的这个梦。

年幼的汲明珠，面对自己的不幸遭遇，无处诉说，也不敢诉说。她时刻想着继父威胁她的话："别说出去，别人知道了，看你还能在这儿待下去！离了这个地方，看你们俩能去哪儿？""你不怕你妈妈被气死，你就跟她说。反正，我是啥都不怕！"汲明珠既怕说出实情后失去这个家，这个她们娘俩赖以生存的住所，又怕身体不好的妈妈知道后生气。

在众多未成年人受害的案例中，犯罪嫌疑人往往都是抓住未成年人的软肋，说一些威胁的话。这些话，也许成年人很容易就识破，但对未成年人来说，却成了阻止他们把实情讲出来的那道过不去的坎。

随着继父一次次实施兽行，汲明珠心中对继父的仇恨越来越强烈。走投无路的她，选择把那包毒鼠强倒进了继父的酒杯。

此案中，汲明珠的妈妈也许是因为粗心大意，也许是因为生活压力导致的忙和累，疏忽了对女儿的照顾。对于丈夫的兽行，她竟然没有丝毫察觉。对一位母亲来说，这实在是不可原谅的。

在这个案件中，如果汲明珠选择把真相告诉妈妈，告诉老师，或者告诉自己信任的长辈，那么汲明珠继父的兽行绝对不可能再持续下去。这个恶魔，也终将得到法律的制裁。

汲明珠担心、惧怕的有两点：

一是怕因此失去这个"家"。其实，这样充满恐惧与折磨的"家"，不要也罢。

二是担心妈妈知道后会生气。她怕把多病的妈妈气坏。其实，纸是包不住火的，妈妈早晚会知道。与其到了不可收拾的地步才让妈妈被动地知道，不如在事情刚发生时就主动告诉妈妈。妈妈作为成年人，肯定能找到合适的办法生存下去，也能保护自己的孩子。

对汲明珠这样一个命运多舛的女孩，我们都无比同情。但是，任何一个人，不管遭遇了什么，都无权私自结束另一个人的生命，哪怕这个人十恶不赦，也不可以。

在未成年人和女性犯罪案例中，有不少像汲明珠这样，由被施暴者变成施暴者。他们的遭遇，大多都非常值得大家同情。他们中的不少人，都有一个共同点，那就是"认罪而不悔罪"。就像汲明珠一样，直至到了法庭，她对自己触犯法律的行为，还是说"不后悔"，无法从法律的角度去正视曾经发生的一切。

《中华人民共和国刑法》第二百三十二条规定：故意杀人的，处死刑、无期徒刑或者十年以上有期徒刑；情节较轻的，处三年以上十年以下有期徒刑。

《中华人民共和国刑法》第四十九条规定：犯罪的时候不满十八周岁的人和审判的时候怀孕的妇女，不适用死刑。

那个恶魔离开了人世，他是罪有应得。可是，年少的汲明珠也因此被起诉，故意杀人的罪名将伴其一生。这不能不说是另一种悲哀。

伏宝纪档案：

伏宝纪，男，初中文化。身高1.68米左右，体形偏瘦，皮肤较黑。说话声音高，语速快。因犯强奸罪被起诉。案发时，伏宝纪17岁零10个月。

"炒货大王"的儿子

关键词：

偷吃瓜子　铜超标　网恋　强奸

案件回放：

初三那年，伏宝纪因病辍学。在医院里，伏宝纪邀网聊女孩訾凤媚来医院陪他，并在微信里说想跟訾凤媚发生性关系。訾凤媚拒绝了伏宝纪的邀约，却并没有因此不理伏宝纪。为了能与訾凤媚见面，第2天伏宝纪谎称明天是他的生日。信以为真的訾凤媚给伏宝纪买了礼物，偷偷地跑到了县城。当天晚上，在医院的病房内，伏宝纪与訾凤媚发生了关系。案发时，訾凤媚13岁零11个月。

訾凤媚的父母找不到女儿，就报了警。警察依据訾凤媚的手机信息，在县医院的病房里找到了訾凤媚和伏宝纪，并将他们带到了派出所。

几个月后，訾凤媚出现早孕症状，孕检为阳性。

一

坐在被告席上的伏宝纪，皮肤黑里透黄，透着病态。跟伏宝纪一起到庭的，是他的爸爸妈妈。

伏宝纪的爸爸又高又壮，满脸横肉，说话也如他的长相，有点"横"，也有点"冲"。他是远近有名的"炒货大王"，他家的炒货，县城的各大超市都在卖。

伏宝纪的妈妈中等个子，长方脸，大眼睛，是一个算得上好看的女人。也许是粉涂得太多的缘故，整张脸看起来有点假。一头烫了细密小卷的长发，在头顶上盘了一个髻，发髻旁边别着一支闪着金光又带着红、蓝珠串的发卡。身上穿着一件紫色带红花的长袖连衣裙，脚上是一双挂满尘土的高跟短靴。朝法庭走的时候，不知高跟短靴钩到了什么东西，她差点摔倒。多亏那时她离椅子近，身子一下扑到椅背上，双手撑着椅子，才勉强站稳。

与爸爸妈妈相比，伏宝纪则像一个营养不良的孩子。单从长相上看，他有点不像他们的亲生孩子，但伏宝纪确实是他们的独生子。

法庭上，伏宝纪的情绪很不稳定。法官或公诉人要求他回答问题的时候，刚开始还比较正常，但是当他的回答遭到质疑时，伏宝纪就会忍不住站起来，大声喊叫。

书记员一次次宣读法庭纪律，但根本不起作用。实在想象不出，在庄严的法庭上都能如此无理的一个人，在日常生活中会是怎样。

面对审判长的再三警告，伏宝纪每次都低下头，不再说话。不过再一次遭到质疑的时候，他的怒火就又蹿上来。法警押着他的肩膀，把他摁回到椅子上，他也要不服气地歪两下脑袋。即使坐下了，也不难从他粗重的喘气声中，看出他心中无法熄灭的怒火。

伏宝纪的妈妈对审判长说，伏宝纪以前不是这样的，生病之后，他的脾气才变得这么大。

二

当事人訾凤媚没有到庭。她的监护人，也就是訾凤媚的爸爸妈妈双双到庭。

訾凤媚的爸爸沉着脸，一直不说话。之前，他一直在外地打工，差不多一年才回家一次。訾凤媚出事后，他辞去工作，回到老家。

訾凤媚的妈妈在家里很忙，一个人种着几亩地，还要照顾訾凤媚和她生病的奶奶。訾凤媚的奶奶几年前就瘫痪在床，生活无法自理，吃喝拉撒全靠訾凤媚的妈妈照顾。法庭上，訾凤媚的妈妈时而低头抹泪，时而怒视着被告。

"你做了这样缺德的事，让我的孩子往后还咋做人啊！"訾凤媚的妈妈抹着泪，朝着被告的方向质问道。

"怪我吗？你闺女自己愿意的！"伏宝纪用力拍了一下面前的审判桌，大声吼道。

审判长不得不再次敲响法槌，并对被告做出了严厉警告。

被告的妈妈对审判长说："都是他这个病闹的，他控制不了自己。"

"这是法庭！"审判长严肃地说。

庭审继续进行。

被告承认跟原告发生了关系，但不承认是强奸。

公诉人宣读了被告伏宝纪在公安机关所做的笔录。笔录内容显示，伏宝纪引诱訾凤媚来到县城，通过威胁、利诱等手段，留訾凤媚在县医院待了将近 49 个小时，直到警察在医院病房找到訾凤媚并把她带离。

三

伏宝纪其实也没什么很严重的病症，医生给出的结论是体内铜超标，需要定期住院排铜。

伏宝纪的病是初中二年级时被发现的。上小学时的伏宝纪，虽然有点顽劣，学习成绩也一直不是太好，但并没什么大的问题。

伏宝纪的爸爸妈妈整天宠着儿子，儿子想咋样就咋样。

有一次，伏宝纪因为贪玩，上学迟到了。这已经不是伏宝纪第一次迟到了，老师有点生气，就没让他进教室，罚他在教室门口站了半节课。

第二天，伏宝纪的妈妈就吵闹着来到学校，非要让那位罚儿子站门口的老师给伏宝纪道歉，并支付医疗费。她说："儿子在走廊里冻感冒了，晚上一直发烧，到现在烧还没退呢。"

大家都知道，走廊里不可能把人冻感冒，但面对不依不饶的伏宝纪妈妈，学校领导只好让那位老师道歉。学校分管教学的领导又亲自登门看望了伏宝纪，这事才算平息。

这件事发生后，伏宝纪在学校变得越来越肆无忌惮了，同学、老师都不敢轻易招惹他。

伏宝纪的爸爸一心经营他的炒货生意，对儿子的学习成绩也不怎么关心。有一次，伏宝纪因为接连几天都不交作业，老师让他的家长到学校去一趟。

伏宝纪的爸爸来到学校后，对老师说："我看俺家宝纪也不是啥念书的料。你不知道别人，还不知道我吗？我上学的时候，还不如宝纪呢。你看现在，咱混得也不比别人差，对吧？"

伏宝纪的爸爸跟他的班主任曾经是小学同学。班主任一听这话，心里很不高兴，但也无法再说别的。

伏宝纪的爸爸又说："大学咱是不指望他考了，能认几个字，方便出门就行了。你看我，当年啥都没考上，现在也不比那些考上的差吧？宝纪啥时候念不下去了，就回家跟我干，反正有现成的厂子，这厂子早晚不还是他的？"

伏宝纪也知道家里的炒货厂早晚是他的，更知道自己将来考不上大学。他之所以没有离开学校，是因为他还没找到比学校更好玩的地方。

四

伏宝纪从小就知道爸爸不让他随便从车间里拿炒货吃。平时家里也没有爸爸厂里的东西，只有到了过年过节的时候，爸爸才会从厂里带回各种瓜子来。

伏宝纪觉得爸爸拿回来的瓜子没有自己从车间里偷偷拿的瓜子好吃，颜色也不如自己拿的好看。

即使爸爸拿瓜子回家，伏宝纪也会趁爸爸不在，偷偷跑到车间里去拿。他不喜欢吃爸爸带回家的各种炒货，总觉得爸爸太抠门了，不舍得把好的带回家。

厂里的工人每次见伏宝纪去了，就知道他是去拿炒货的。厂子是他家的，炒货也是他家的，自然就没有人说什么。车间里各种各样的炒货一堆一堆的，装了袋子的，没装袋子的，到处都是。伏宝纪每次也拿不多，装满衣服口袋就走。上学的路上，他走一路吃一路，走到学校门口的时候，口袋里的各种炒货也吃得差不多了。

他家的炒货车间跟他家住的院子就隔着一道墙，伏宝纪几乎每天都到车间去玩，每次去了，口袋都不会空着。

伏宝纪每天到车间里去拿炒货的事，爸爸妈妈都不知道。爸爸整天忙着跑原料、跑销售，在家的时候不多。妈妈倒是在家，但她看起电视连续剧来就忘了白天黑夜。她觉得以前不容易，现在家里有钱了就要享受。她的享受方式除了网购各种没用的东西，就是毫无节制地看各种各样的肥皂剧。

初二上半年，伏宝纪经常发烧，家里人以为他是感冒了，药吃了不少，也输了不少液，但每次都是很长时间才能退烧，而且刚好没几天，不知怎么就又烧起来了。

伏宝纪的爸爸妈妈带他去县医院做了检查，结果是铜超标。医生和伏宝纪的爸爸妈妈都想找出他铜超标的原因，找来找去，最后在伏宝纪经常吃的炒货里找了出来。

原来，伏宝纪的爸爸为了炒货的口感和卖相，在制作炒货的时候，往原料里加了一种非食品用添加剂。他知道这东西对身体有害，所以不让伏宝纪吃厂里生产的炒货。然而他没想到的是，儿子一直偷拿厂里的炒货吃，几乎每天都拿。对过年过节他带回家的不含有害添加剂的炒货，伏宝纪连尝也不尝。

从那时起，伏宝纪需要定期到医院做排铜治疗，否则就情绪不稳，烦躁易怒。伏宝纪的爸爸后悔不迭。事情曝光后，伏宝纪的爸爸被罚了一大笔款，厂子也被关停了。那几年靠非法生产炒货得来的钱财，几乎全都拿了出来，最终只剩下一个身体里铜元素严重超标的儿子。

六

离开学校的伏宝纪，整天无所事事。因为身体的原因，伏宝纪无法像他这个年龄辍学的孩子一样，到外地去打工。

无事可做的伏宝纪，就一天到晚泡在网上。随着时间的推移，伏宝纪的身体越来越差，脾气也越来越不好。

伏宝纪的爸爸以往脾气不小，但自从儿子查出体内铜超标后，他对伏宝纪也不敢说什么了。有时他刚想张嘴说点什么，伏宝纪就先跳起来，硬生生把他堵回去。

整天泡在网上的伏宝纪，自然也结识了不少网友。在网上，他把自己伪装成一个富家小帅哥。他的微信头像和封面，都是从网上下载的别人的照片。

刚读初一的訾凤媚，因为学校离家远，妈妈又没时间接送，于是就开始住校。

訾凤媚学习成绩也不好。上小学的时候，成绩还算凑合；上了初中，老师讲的课，她越来越听不懂。她跟同宿舍的同学处得也不好，宿舍里有个女孩总是欺负她。那个女孩是宿舍里的"老大"，别的同学见"老大"欺负她，也就跟着一起欺负她。离开妈妈的訾凤媚，常常会想家，会偷偷地哭。

学校本来是不允许学生把手机带进校园的，但訾凤媚发现好多同学都有手机。晚上，检查的老师走了，她们就打电话、玩游戏，或者聊天。訾凤媚也想有一部手机，她觉得同学们都有，自己没有，她们会更瞧不起她。她想，如果有了手机，想妈妈的时候，就可以给妈妈打电话了。

訾凤媚的妈妈知道学校不允许带手机，但又觉得女儿一个人在学校挺孤单的。再说了，别人都有手机，自己的孩子没有也不好。在訾凤媚一再的软磨硬泡下，妈妈把自己的手机给了她。

七

很快，訾凤媚就学会了网络上的许多东西，也开始在网上聊天。

訾凤媚给自己起了一个很普通的微信名：枫叶红了。那天中午，她坐在宿舍的上铺下载微信的时候，一扭头，正好看到窗外校园里的一棵枫树，树上的叶子红得像火。

伏宝纪的网名叫"风中起舞"。他经常更换网名，认识訾凤媚的时候，他用的是这个名字。

訾凤媚刚刚安装好微信，就收到了一个要求添加好友的信息。訾凤媚很激动，想都没想，就手忙脚乱地通过了好友验证。这个要求添加訾凤媚为好友的人，就是伏宝纪。他是通过号码搜索功能，在手机里随意输入一个号码后，搜到訾凤媚的。

伏宝纪告诉訾凤媚，他在县一中读高二。单纯的訾凤媚信以为真。看到伏宝纪的微信封面和头像，单纯的訾凤媚问伏宝纪，那个照片是不是他本人。伏宝纪给了訾凤媚很肯定的回答。訾凤媚觉得"风中起舞"很帅，但又不好意思说。

很快，伏宝纪就知道了訾凤媚的年龄、真实姓名和学校。而他告诉訾凤媚的所有个人信息，都是编造出来的。

自此之后，訾凤媚和伏宝纪就经常在微信上聊天。伏宝纪有的是时间，经常给訾凤媚留言。訾凤媚微信上也没几个好友，下了课，看到"风中起舞"发来的信息，她就打开，回复他。伏宝纪知道学校老师会查手机，于是就在晚上熄灯后联系訾凤媚。訾凤媚藏在被窝里，跟他聊天。他们常常一聊就是几个小时。

八

时间长了，伏宝纪胆子越来越大，不时地就会在发给訾凤媚的信息里加上一些拥抱和亲吻的表情。开始的时候，訾凤媚有点害怕，也有点害羞。每次收到这样的表情，她都会借故下线。

可不知为什么，如果哪次告别的时候"风中起舞"没有发类似的表情，訾凤媚心中又会有隐隐的失落，感觉聊天好像没有结尾似的。

终于，訾凤媚坦然接受了那些拥抱和亲吻的表情，渐渐地也习惯了"风中起舞"那些暧昧的语言。

伏宝纪的胆子更大了。他多次邀訾凤媚见面。

每次收到"风中起舞"的邀请，訾凤媚心里都很矛盾。

在心里，她喜欢这个名叫"风中起舞"的男孩，他长得帅，学习成绩也好，最主要的是，他对自己很体贴。与"风中起舞"聊天以来的这些日子，訾凤媚忽略了离开妈妈独自生活的不适，忽略了想家，忽略了同学之间的各种不和谐。她的一颗心，被那个男孩牵动着，随着他一起笑，一起跳，就像他的名字一样，一起"起舞"。每当想到那个名叫"风中起舞"的男孩时，訾凤媚心中就会有一种从未曾有过的异样感升上来，嘴角便微微翘了起来。

不过，訾凤媚一时又想不出该怎样跟老师请假，万一妈妈知道她逃课去见一个男孩，不把她骂死才怪呢！

伏宝纪像是看透了訾凤媚的心思，给訾凤媚出主意，让她跟老师说奶奶病重，在县城住院，她要去看奶奶。此时，在县城住院的是伏宝纪，他正在县医院做排铜治疗。

九

訾凤媚对是否去县城见"风中起舞"，一直犹豫不决。

那天晚上熄灯后，"风中起舞"又准时上线了。他们聊了一个多小时，即将告别的时候，"风中起舞"的一句话让訾凤媚要与他见面的想法变淡了。

当时"风中起舞"对訾凤媚说："宝贝，来吧，快点过来，我想你，我想抱着你睡觉。"

訾凤媚先是愣了一下，接着心中有什么东西突然冒了上来。訾凤媚忍不住打了个寒战。她借口老师来查宿舍，就匆忙下线了。

第二天早晨，訾凤媚还没有醒来，"风中起舞"的微信就发了过来，先是一长串的鲜花，接着是拥抱和亲吻。之后，"风中起舞"开始道歉，说都是因为自己太喜欢訾凤媚了，所以才说了那样的话，他保证以后再也不说那样的话了。

訾凤媚见"风中起舞"态度很诚恳，也就轻易地原谅了他。她相信了"风中起舞"所说的真心喜欢她的话。

到了晚上，"风中起舞"告诉訾凤媚，明天是他的生日，他邀请訾凤媚来参加他的生日聚会。

"生日聚会"这几个字，訾凤媚只在影视剧里看到过。"风中起舞"邀请她参加自己的生日聚会，那是对她的信任和重视。訾凤媚心里很高兴，也很激动。"风中起舞"曾经跟她说过的那些暧昧的话，此时都被訾凤媚丢到了脑后，她一心想着如何去参加"风中起舞"的生日聚会，自己要穿什么衣服，给他带什么礼物。

十

訾凤媚真的按照"风中起舞"教她的那样，跟班主任请了假。请假的时候，因为害怕被老师识破，訾凤媚不敢抬头看老师，紧张得连眼泪都流下来了。

訾凤媚的班主任看到她流泪，以为她奶奶的病情很严重。在这种情况下，班主任没有理由不让訾凤媚去县城跟她的奶奶见上最后一面。

从訾凤媚的学校所在的乡镇到县城有三十多里地，每天有两班对开的班车，上午、下午各一班。在这之前，訾凤媚早已打听好了去县城的班车发车的信息。请完假，她连宿舍也没回，就直奔车站。

訾凤媚真怕"风中起舞"突然又反悔了，那样她到了车站，就没人接她了。訾凤媚乘坐的是下午那班车，她有点后悔了。如果坐上午的车，万一"风中起舞"不来接她，她可以接着乘坐下午的车返回学校；可现在坐了下午的车，就算有什么意外，今天也无法回来了。訾凤媚越想越后悔，越想越害怕。

訾凤媚就去过县城两次，一次是寒假的时候，姑姑带她去玩，当天就回家了。另一次是奶奶住院，訾凤媚跟爸爸一起去的，也是当天就回家了。万一"风中起舞"不去车站接她，这一夜可怎么办啊，自己住哪里啊？

訾凤媚只想到了万一"风中起舞"不来接她，晚上不知道住哪里，但她忽略了另一个问题，那就是"风中起舞"如果来接她的话，晚上住在哪里。这个问题，自始至终，她都没想过，好像只要见到"风中起舞"，任何问题都会迎刃而解一样。

对那个"风中起舞"，訾凤媚无限地信任和依赖。

十一

在出站口，訾凤媚见到了"风中起舞"。让訾凤媚感到意外的是，"风中起舞"的长相与微信头像和朋友圈封面的照片差距太大了。訾凤媚怎么瞅，也看不出眼前的"风中起舞"与微信上的那个男孩有一丁点儿相同的地方。

眼前的"风中起舞"，又矮又黑又瘦，与"帅"这个字沾不上半点边。訾凤媚很失望，但一时又不知道该怎么办。

"风中起舞"抢过訾凤媚背上的包，又去拉訾凤媚的手。訾凤媚抬手理了一下头发，躲开了伸过来的那只手。

"风中起舞"像是什么也没发生一样，微笑着问訾凤媚累不累，请假的时候学校老师有没有为难她，又问訾凤媚饿不饿。

经"风中起舞"这么一问，訾凤媚还真觉得有点饿了。中午她忙着去车站，连午饭都没来得及吃呢。

"风中起舞"像是看出了訾凤媚的心思，再次伸过手，拉起訾凤媚的胳膊，朝车站对面的一家肯德基走去。这次，訾凤媚没有拒绝，他们一起朝马路对面走了过去。

"风中起舞"给訾凤媚点了鸡翅、薯条，还点了一杯可乐。"风中起舞"把托盘里的东西往訾凤媚跟前推了推，让她吃，自己只是慢慢地吃着薯条。

"风中起舞"不停地跟訾凤媚说着话，说着他们在微信中曾经聊过的那些有趣的事。訾凤媚忍不住笑了，面前这个男孩，好像已经不再像刚刚见面时那么难看了。

吃完饭，"风中起舞"带着訾凤媚上了一辆公交车。訾凤媚不知道"风中起舞"要带她到哪里去，也没有问。到了县医院那一站，"风中起舞"拉着訾凤媚的手，一起下了车。

十二

医院的走廊里特别静，静得都有点让人害怕。訾凤媚记得那次跟爸爸到县医院来的时候，走廊里到处都是人，简直就像镇上的大集一样。

"风中起舞"把訾凤媚带到了一间半掩着门的病房。病房里有两张单人床，靠窗的床旁边，立着一个输液架。

原来，县医院刚搬了新址，别的科室都搬走了，就剩下这一个科室暂时还没有搬走。这个科室没有几个病号，伏宝纪自己住一间病房，他旁边的病房也是空着的。

陪伏宝纪一起来住院的，是他的妈妈。到晚上睡觉的时候，伏宝纪的妈妈一声不响地去了旁边那个空着的病房。

开始的时候，伏宝纪和訾凤媚每人一张床。訾凤媚什么都没想，就直接睡了。忙活了将近一天，訾凤媚觉得很累。

伏宝纪没再跟訾凤媚说生日聚会的事，訾凤媚也没好意思问，她想明天早晨就坐车回学校。

訾凤媚躺在床上不一会儿就睡着了，当她觉得有人在撕扯她的衣服时，还以为自己是在做梦呢。待睁开眼睛，借着走廊里照进来的灯光，她看到了眼前那张脸。

訾凤媚拼命挣扎，用力抓住自己的衣服，不让伏宝纪得逞。她不敢喊，怕旁边病房里的人听到跑过来，她觉得这样的事被人看到很丢人。訾凤媚蜷缩在床上，时左时右地躲避着伏宝纪袭来的手。她哪是伏宝纪的对手呢？伏宝纪一只手摁住几乎无力挣扎的訾凤媚，另一只手扯掉了她的衣服。

十三

事后，訾凤媚躺在床上小声哭了起来。她没想到伏宝纪会这样。訾凤媚差不多哭了整整一夜。天还没亮，她从床上起来，穿上被伏宝纪撕坏的衣服。她要离开这里，她一分钟也不想在这个地方待了。

伏宝纪拦住訾凤媚，不让她走。訾凤媚挣脱开伏宝纪，继续往门外走去。这时，伏宝纪双手搂住訾凤媚的腿，在她面前跪下了。他哭着跟訾凤媚说都是自己不好，他这样做是因为太爱訾凤媚了。伏宝纪还说，訾凤媚要是真的走了，他就不活了。他说他爱她，他离不开她。

訾凤媚被伏宝纪哭得没了主意，心也一点点软下来。她相信了伏宝纪的话，答应下午再走。

伏宝纪站起来，搂着訾凤媚坐在床上。

訾凤媚没有吃早饭，伏宝纪的妈妈让他带訾凤媚出去玩玩。她从口袋里掏出几张钞票递给伏宝纪，让他陪訾凤媚去商业街逛逛，买几件衣服。

訾凤媚的衣服被伏宝纪撕坏了，她来的时候也没带换洗的内衣。訾凤媚不想去，但经不住伏宝纪的哄劝和拉扯，于是跟着伏宝纪出了门。

伏宝纪软缠硬磨，还是不让訾凤媚走。他们俩逛完街的时候，下午去往镇上的班车也开走了。

　　訾凤媚看到没有去镇上的车了，急得眼泪掉了下来。伏宝纪一边安慰訾凤媚一边跟她保证，晚上两个人各睡自己的床，他保证不动訾凤媚。他还保证，明天一定送訾凤媚回镇上。

　　然而到了晚上，伏宝纪的承诺又化为泡影，訾凤媚再次被侵犯。直到第二天下午，警察来到医院，訾凤媚才被带离了这个地方。

庭后絮语：

　　渴望有一部自己的手机，对外面的世界充满好奇，这都无可厚非。然而，因为缺少明辨是非的能力，本案中的女孩訾凤媚错误地将别人对她的有意侵害，当成了男女间的正常感情。她不明白，真正对她有感情的男孩，应该是懂得尊重且有责任感的，那样的男孩，怎么会轻易跟她发生性关系呢。

　　仅凭一段时间的聊天，被害人訾凤媚在完全不知晓对方真实身份和意图的情况下，就应对方的要求，独自去跟其见面，仅这一点，就是不应该的，也是很危险的。许多涉世未深的女孩，网友的几句甜言蜜语就能俘获她们的心，让她们死心塌地地相信、依靠对方，即使后来出现什么问题，也会站在对方的立场，替对方开脱。这样的女孩，与其说是善良过度，不如说是善恶不分。她们以对待朋友的态度，来对待那些伤害她们的人。

　　跟网友见面后，发现事实与对方所说的不符时，在公众场合离开是比较容易的。然而，訾凤媚却因为不好意思，没有及时离开。

事情发生时，訾凤媚还是不敢声张，怕丢人。如果在伏宝纪试图对其施暴时，她大声喊叫，也是能得救的。医院里人虽然少，但毕竟是公共场所。

被强奸后，訾凤媚应该马上离开，马上报警，但可悲的是，她依然选择了沉默。

伏宝纪哭喊着不让她离开的时候，訾凤媚想到的不是尽快离开这个伤害自己的人，而是被伏宝纪所谓的眼泪打动。她怕自己离开后，伏宝纪真的像自己所说的那样自杀。

整个案件自始至终，訾凤媚都把故意伤害她的被告，误当成她的朋友。因此，她才一再地忍让，也一再地受害。

对此案的被告伏宝纪来说，他也曾经是有毒食品的受害者。家长的善恶不分，使伏宝纪也成了一个不辨是非的孩子。生病后，他的心理产生了极大的扭曲。在法庭上，面对訾凤媚的父母，他没有丝毫的忏悔。谈到赔偿问题时，原、被告双方对赔偿数额争议较大，无法达成一致。伏宝纪的爸爸和訾凤媚的妈妈在争论时，伏宝纪猛地站起来，用手指着訾凤媚的妈妈，大声说："你闺女丑得要死，白给都没人要，哪里值那么多钱？"

不知道訾凤媚如果听到伏宝纪说这话的时候，能否认识到伏宝纪是一个什么样的人，能否清楚她在伏宝纪的心目中是怎样一个定位。

开始，伏宝纪一直不承认自己是强奸，一直说訾凤媚是自愿。他给出的理由是：如果不是自愿的话，她能在这里一待就是两天多的时间？他还说："腿在她身上，我又没绑她，没关她。"

后来，审判长对伏宝纪宣读了相关法律条款，并与这个案件中的一些问题进行了比对。

《中华人民共和国刑法》第二百三十六条规定：以暴力、胁迫或者其他手段强奸妇女的，处三年以上十年以下有期徒刑。

奸淫不满十四周岁幼女的，以强奸论，从重处罚。

强奸妇女、奸淫幼女，有下列情形之一的，处十年以上有期徒刑、无期徒刑或者死刑：

（一）强奸妇女、奸淫幼女情节恶劣的；

（二）强奸妇女、奸淫幼女多人的；

（三）在公共场所当众强奸妇女的；

（四）二人以上轮奸的；

（五）致使被害人重伤、死亡或者造成其他严重后果的。

在这个案件中，案发时被害人訾凤媚尚不满十四周岁，属于幼女；医院病房，属于公共场所的范畴；被害人訾凤媚怀孕并休学，造成了严重的后果。

伏宝纪和他的爸爸听完，慢慢地低下了头。对是否强奸訾凤媚的事，伏宝纪没有再争执，点头认了罪。他的爸爸也没再说什么。毕竟，他也曾经进过监狱，知道法律是严肃的。

因为意外怀孕，訾凤媚的爸爸妈妈给她办理了休学。不知休学结束后，訾凤媚还能否重新回到学校。经历了此事后，訾凤媚的人生之路也许会被改写。

黎露雨档案：

黎露雨，女，初一辍学。身高 1.65 米，体形偏胖。方脸，大眼睛，长睫毛，脸上有细密雀斑。案发时，黎露雨 15 岁零 11 个月。

弃学之后的迷失

关键词：

辍学　早恋　怀孕　弃子　死亡

案件回放：

初一辍学后，黎露雨借用他人的身份证去打工。她遇到了工友蒲祉永，两人谈起了恋爱并很快同居。黎露雨怀孕后，蒲祉永却不见了。独自生下男婴的黎露雨，惶恐无措中将孩子丢进了垃圾桶，致使男婴窒息死亡。

检察机关以故意杀人罪，将黎露雨起诉。

一

上学的时候，黎露雨的学习成绩一直不好。

　　黎露雨的爸爸妈妈都没什么文化，他们既不能辅导她学习，也不怎么关心她上学的事。家里让黎露雨去上学，并非想让她学知识将来成为一个对社会有用的人。他们让黎露雨去上学，是因为周围跟黎露雨差不多大的孩子都上学了。黎露雨的妈妈从集上给她买了一个书包，她也就去了学校。

　　黎露雨的爸爸在县城打工，一两个月才回家一次。她的妈妈很能干，自己在家管着一个蔬菜大棚，种黄瓜、樱桃和西红柿。

　　黎露雨的妈妈每天都到大棚里去，早晨要把棚顶的草苫子卷起来，让阳光透过顶上的薄膜照进棚里；傍晚又要把草苫子放下来，给棚里的菜保暖，每天如此。遇到间花、掐丝或疏果的时候，妈妈一个人忙不过来，就从村里雇几个人帮忙。

　　晚上放了学或星期天，黎露雨也到棚里去帮妈妈干活。不去棚里干活的时候，她就在家做好饭，等着妈妈回来。

　　遇到妈妈忙不过来的时候，黎露雨就跟老师请一天假，去大棚里帮妈妈干活。

　　大棚里很暖和，即便是冬天，只穿一件单衣也不冷。黎露雨特别喜欢那些黄的花和红的绿的果，也喜欢采摘。她觉得在大棚里干活比在学校教室里坐着快乐多了。

　　妈妈从不反对黎露雨请假。妈妈总是说："闺女家，读那么多书有啥用，能认得自己的名字就行了，反正早晚是要嫁到人家家里的。"

黎露雨读小学四年级那年夏天，弟弟出生了。妈妈把家里的蔬菜大棚转给了别人。黎露雨没了跟老师请假的借口，每天都要去学校，心里很不好受。

黎露雨的学习成绩越来越差，她也越来越不想上学。拖到初一上学期期末，黎露雨实在不想再去学校了。她连招呼也没跟爸妈打，就把书包背回家，不再去上学了。

爸爸妈妈什么都没说。他们觉得黎露雨学习一直不好，反正也考不上高中，离开学校是早晚的事。

二

刚离开学校的时候，黎露雨觉得还挺好的，不用按时去学校，不用在教室里一坐就是四十多分钟，不用担心作业不会写交不上，更不用害怕考试，不用害怕发试卷时老师点到名字报出可怜的分数。

黎露雨在家待了一些日子，帮妈妈干点看孩子、做饭之类的家务活。

时间久了，黎露雨觉得很无聊。跟她差不多大的孩子大多都在学校里，黎露雨连个一起玩、一起说话的人都没有。

弟弟越来越调皮，稍有不顺心，抬手就打她。一旦黎露雨打回去，弟弟就哭着到妈妈那里去告状，黎露雨就会被妈妈骂一顿。被弟弟打急了的时候，黎露雨不敢还手，就去跟妈妈说。妈妈则说："他叫你姐姐不是？你就不能让着他点？他那么小的孩子，就是打你也打不疼。"可事实并不是这样，弟弟年纪虽小，但手上很有劲。他常常用力扯黎露雨的头发，扯得她眼泪都掉下来了。即使这样，妈妈也从不向着黎露雨说话。

黎露雨心里难受的时候，就忍不住想，自从有了弟弟，爸爸妈妈一点都不疼自己了，他们眼里只有弟弟。家里有啥好吃的，先让弟弟吃；等他吃完了，还要再给他留着；自己想吃的时候，妈妈就骂她馋。爸爸每次回来，吃的、穿的、玩的，买回一大堆，全都是给弟弟的。黎露雨越想心里越难过。

黎露雨的弟弟只有几岁，但他知道爸爸妈妈向着他说话，就总是欺负姐姐。有时，明明是弟弟打了姐姐，他却还要到妈妈那里告状，说姐姐要打他。妈妈听了弟弟的话，从来不问清楚，劈头盖脸就把黎露雨骂一顿。

黎露雨觉得在家里实在待够了，还不如在学校好。在学校起码不会整天挨打、挨骂，黎露雨有点后悔退学了。

可是，她离开学校那么久，再回去也不可能了。

转眼春节到了，在外地打工的邻居相继回来了。黎露雨邻居家的姐姐，在一家棉纺厂打工，听说收入还不错。村里有好多人都在那边打工。

黎露雨想，与其这样在家待着，还不如让邻居家姐姐带自己去打工呢。想到这里，黎露雨很高兴，就跑到后院去问邻居家的姐姐。

姐姐说黎露雨年龄太小，连身份证都没有，去打工是非法的，厂里不敢要。姐姐还说，要满十八岁才可以办身份证。

十八岁，还有整整五年呢！黎露雨可等不了五年。黎露雨心里很难过，感觉这五年对她来说实在太遥远了。

三

黎露雨找打工回来的邻居哥哥姐姐们帮忙想办法。黎露雨听别人说，工厂里也有好多不满十八岁的工人。

黎露雨的堂哥告诉她："办法倒是有一个，就怕你爸爸妈妈不同意。"

黎露雨觉得，只要有办法去打工，爸爸妈妈肯定不会不同意。反正她在家里也干不了多少活，出去打工还能挣一份工资呢。

黎露雨回家把堂哥的主意跟爸爸妈妈说了，他们果然没有很坚决地反对。

黎露雨的爸爸说："你才十三岁，在家帮妈妈做点家务，照看弟弟，有啥不好的？"

黎露雨的妈妈也说："听说一个班要上十来个小时呢，你不怕累？"

黎露雨说："我就愿意出去打工。我不怕累。别人能干得了，我也能。"

黎露雨的爸爸妈妈看她真愿意去，也就没有再说什么。

过完春节，邻居家姐姐要回去上班了。黎露雨让妈妈帮她去找大妈家的堂姐借身份证。堂姐在县城上高中，已经过了十八岁生日。

不一会儿，妈妈就把堂姐的身份证拿了回来。

那两天，黎露雨特别高兴，她终于可以离开家，到外面的世界去看一看了。

她想象着自己身穿工作服，头戴洁白的工作帽，在一台台机器间来回穿梭，那该有多神气啊！下了班也不用做饭，跟同事一起去食堂，食堂里有那么多好吃的，想吃什么把饭盒递过去，食堂的师傅就把菜盛到了饭盒里。电视剧里都是这样演的，到了那里肯定也是这样。

休班的时候，跟朋友们一起去逛街，逛累了，就找个小吃店，坐下来吃小吃。厂里放假的时候，就跟邻居家姐姐们一起回家来看看。那样的日子，黎露雨想想心里就乐。

黎露雨还想，要用自己挣的工资，给弟弟买辆电动小汽车。邻居家小妹妹的姑姑在城里上班，给她买回一辆那样的小汽车，摁开钥匙，小汽车就会在屋子里到处跑。弟弟每次见了，都眼馋得不行。她要给妈妈买条漂亮的丝巾，要真丝的，上面印着大红的花朵。有一回，她在电视上看到有个人戴了这样一条丝巾，站在海边，丝巾被风吹起来，飘啊飘的，好看极了。黎露雨一直记得那条丝巾的样子。她还要给爸爸买件海蓝色的夹克，袖口上镶着绛紫色细条的那种。校长就有一件那样的衣服，穿在身上特别精神。

她想："等我休假回来，看妈妈还骂我，弟弟还打我不！"

那几天，黎露雨激动得晚上总是睡不好，白天就不停地往邻居姐姐家跑，不停地问这问那，恨不得一步就到厂里。

四

黎露雨离开家的那天，妈妈早早地起床，包了她喜欢吃的韭菜猪肉水饺。妈妈说，这是老家的风俗，起脚饺子落脚面。妈妈还说，等她回来的时候，给她擀面条吃。

临上车的时候，弟弟拉着黎露雨的手，仰起小脸说："姐姐，你快点回来，我等你跟我玩。"

黎露雨看到，妈妈背过身去，抬手擦了擦眼泪。

"我是去上班，又不是不回来。"黎露雨这样想着，胡乱朝他们挥了挥手，就跳到车上，跟村里的几个哥哥姐姐一起说笑起来。车子开动的时候，她竟忘了看一眼车下的妈妈和弟弟。

还没到晌午，远远地就看到了那个工厂。好大好大啊，黎露雨觉得，都快跟他们的村子差不多大了。

拿着行李往厂里走的时候，黎露雨心里既兴奋又有点害怕。她怕万一被查出来，人家不要她了，那可怎么办啊！在家的时候，黎露雨照着镜子跟堂姐身份证上的照片比对过多次，越看越不像。堂姐是瘦长脸，而她是圆脸，堂姐的眼睛也比她的眼睛小。

黎露雨问邻居家姐姐："万一人家不要我，那可怎么办啊？"

姐姐安慰她说："没事，你个子那么高，看不出只有十三岁。只要你以后别累垮了就行。"

黎露雨点了点头，心想："只要不被厂里识破退回去，再苦再累我都不怕。"

邻居家姐姐带着黎露雨去报名，结果很顺利。负责人拿过身份证只扫了一眼，就把一张表格递给黎露雨，让她填写。

领了宿舍钥匙和饭卡，黎露雨如愿成了一名工人。

五

第一个班由师傅带着，黎露雨感觉哪里都新鲜、都好玩。八个小时，黎露雨没觉得时间长，也没觉得累。下班的时候，她竟然盼着下一个班能快点到来。

接连上了几个班以后，新鲜感消失了，取而代之的是困、累和浑身酸痛。

在车间里的八个小时都是站着，而且要不停地来回走。她在家的时候，哪会一次干这么长时间的活？小夜班的时候还好说，轮到上大夜班，半夜从温暖的被窝里爬出来，又冷又困，黎露雨觉得实在是难受。

那天又轮到黎露雨上大夜班，闹钟响了，她困得睁不开眼，想再迷糊一分钟。可这一迷糊，她一下又睡过去了。同事临出门前见黎露雨还没起床，就随口喊了她一声。黎露雨使劲睁开眼睛，看到手机上的时间，一下慌了。她胡乱穿上衣服，从上铺跳下来，也没顾得上梳头洗脸，撒腿就朝车间跑去。

那天，黎露雨还是迟到了。

跟黎露雨交接班的女孩因为她没及时赶到，误了交接班时间，心里一肚子怨气。这也难怪，女孩已经在车间干了八个小时，也一定又累又困，可她不应该骂黎露雨。

难道她就一次也没有迟到过？黎露雨很生气，就回骂了她一句。

那个女孩火气更大了，扑上来要打黎露雨，多亏被别人拉开了。

女孩没有打到黎露雨，心里有气，就把黎露雨迟到的事告诉了领导。

黎露雨当月的奖金一分也没拿到，还另外写了检讨。

下班回到宿舍，黎露雨忍不住趴在床上哭起来。她第一次觉得想家、想妈妈、想弟弟了。

邻居家姐姐跟黎露雨不在同一个车间，村里其他的人也不跟黎露雨在同一个车间。因为班次各不相同，黎露雨和村里的人好久也见不了一次面。

同宿舍的人可能觉得黎露雨年龄小好欺负，她热水瓶里的水刚打回来，出去上个洗手间的工夫，就被倒干净了；她早晨晒在门口台阶上的鞋，等下班回来的时候，被丢得东一只西一只的，能照到太阳的位置早就被别人的鞋子占了；她晾的衣服、晒的被子，也被挤到了边上，皱成小小的一条，原来的位置挂着别人的衣服和被子；她睡不着觉的时候，用手机看电视剧，声音很小很小，也有人嫌烦，让她关掉；可她想睡觉的时候，她们又说又笑又吵又闹的，却没有人嫌烦……

每天下班回到宿舍，腰酸背痛，困得眼睛都睁不开了，哪里还有时间和精力去逛街？这里的一切，与来之前想象的，差了太多太多。黎露雨真不想干了，可是回家又能干啥呢？

黎露雨越来越后悔离开学校，离开家。

六

跟蒲祉永第一次见面，是在离厂子不远的一个小百货店门口。

黎露雨去小店买袜子，出门的时候，边走边看手机，不小心把门口的一辆自行车带倒了，车筐里的苹果撒了一地。车主是一个五十多岁的胖大妈，她抓住黎露雨的胳膊，吵着让她赔车、赔水果。

她说黎露雨把她的苹果磕坏了，把她的车把摔偏了，非要让黎露雨赔。黎露雨一时不知如何是好。

这时，蒲祉永走了过来。

蒲祉永拉着大妈的胳膊，说了许多好话，最后还把刚买的两包方便面塞进了大妈的车筐里。

黎露雨很感激蒲祉永解救了她，要不然，黎露雨真不知道那位满脸横肉的大妈会如何处置她。

黎露雨和蒲祉永身上穿着同样颜色和款式的衣服，很明显，他们是同一个厂的工人。他们相互交换了姓名、电话和微信号。

短暂交谈后，黎露雨得知蒲祉永家和自己家相距只有十几里路。他们当即认了老乡。黎露雨看蒲祉永比自己大，就喊他"蒲哥"，蒲祉永则称黎露雨"小雨妹妹"。

想到蒲祉永把方便面赔给了大妈，第二天下班后，黎露雨买了方便面去还他。一开始蒲祉永执意不收，但在黎露雨的一再坚持下，蒲祉永勉强收下了。第二天下班后，蒲祉永买了十个又大又红的苹果，送到了黎露雨的宿舍楼下。

黎露雨跟蒲祉永的关系就这么一点一点地变亲近。开始的时候，黎露雨觉得蒲祉永像个大哥哥一样，对她好，愿意跟她一起玩，愿意听她说话，黎露雨很高兴。

下班没事的时候，她就跟蒲祉永在一起玩。他们一块去逛街，找个小店吃碗拉面或吃个驴肉火烧，有时是蒲祉永付钱，有时黎露雨也抢着付钱。黎露雨觉得，下班后有蒲祉永陪着，很快乐。

七

蒲祉永跟黎露雨说想在外边租个房子一起住的时候，她没有反对。黎露雨觉得，这应该就是恋爱，就是爱情吧。

虽然蒲祉永从来没有跟黎露雨求过婚，也从来没说过要娶她之类的话，黎露雨却一直觉得，只要住在一起，那就是一家人了。

黎露雨没有跟任何人说这事，包括邻居家的姐姐。一天傍晚，她拿着自己的行李，住进了那间小得只能放下一张床的出租房。

黎露雨很快乐，下了班就回到那个小房子里去。黎露雨想睡就睡，想玩就玩。再没有人欺负她了，也没有人能吵到她，更不怕吵到别人了。

蒲祉永领了工资或奖金，就会给黎露雨买回面包、瓜子之类的食品，或者两人一起出去吃水饺、米线或麻辣烫。有一次，蒲祉永还带黎露雨去了街对面的肯德基，一次就花了一百多块钱。这让黎露雨觉得既奢侈又幸福。

在一起住久了，他们俩有时也会为了这样那样的事闹矛盾。与住在宿舍时不同，黎露雨生气的时候，蒲祉永会哄她。蒲祉永很会哄人，有时黎露雨都觉得不想跟他在一起了，经过蒲祉永的哄劝，黎露雨破涕为笑，两个人又像什么事都没发生一样。黎露雨总是无法跟蒲祉永真生气。

知道自己怀孕的时候，黎露雨刚过了十五岁生日。当时，她心里很矛盾，也很复杂，又惊又喜还有点怕。

黎露雨不知道蒲祉永会是怎样的态度，因为之前她从来没跟蒲祉永讨论过这个问题。黎露雨当时想，如果蒲祉永喜欢孩子的话，自己就跟他结婚，然后把这个孩子生下来。等有了孩子，他上班，自己在家看孩子，就像爸爸妈妈那样。

可是，要是爸爸妈妈知道我怀孕了，会不会骂我？毕竟，我才只有十五岁。爸爸妈妈会不会不要我，把我赶出家门？在村里，十五岁才上初中呢，哪有这么小就生孩子的？爸爸妈妈以后咋有脸出门啊？想到这些，黎露雨害怕起来。

八

翻来覆去想了几天后，黎露雨觉得，还是应该先把这事告诉蒲祉永，毕竟这是他们两个人的孩子。黎露雨想看看蒲祉永如何决定。之前，黎露雨从电视上看到过，男人知道自己的老婆怀孕后，都是很高兴的。他们俩虽然没结婚，可蒲祉永一直喊她老婆。黎露雨想：蒲祉永知道我怀孕了，会不会也那么高兴呢？即使他不像电视上的人那样，只要他说让我把孩子生下来，我就生下来，然后一家三口在一起好好过日子。

那天，黎露雨和蒲祉永都休班在家，黎露雨就把怀孕的事告诉了蒲祉永。

当时，蒲祉永正靠在被子上玩手机。黎露雨的话还没说完，蒲祉永的手机就一下掉在了床上。他瞪着眼睛，看了黎露雨好久，然后跳下床，站在她面前，直直地看着她。他从未用这种眼神看过黎露雨，黎露雨看着有些异样的蒲祉永，心里突然有点害怕。

　　一开始蒲祉永说不一定是真的，但看到黎露雨手上的化验单时，他相信了。好长时间，他都没有说话，就那么看着手上的化验单。看了很久，他把单子扔到床上，叹了口气说："你才十五岁，生孩子太小了吧？要不，先把这个打了，等以后你大点咱们再要？"

　　黎露雨不知道该怎么办，也不知道蒲祉永说得对不对。黎露雨想：他说不要，那就不要吧，反正孩子也不是我一个人的，他不愿意要，我一个人也没法养。

　　可是，要去医院的时候，黎露雨很害怕。他们厂里曾经有一个女工，就是去医院打胎，上了手术台就再也没下来。

　　蒲祉永说："那样的总是少数，多少人里才有一个。"

　　可万一我就属于少数呢，怎么办？黎露雨还是很害怕。

　　黎露雨和蒲祉永商量了半天，也没想出啥好办法。

　　黎露雨既不想要这个孩子，又怕去医院，就这么一天天地拖着，眼看肚子里的孩子一天天长大，实在不能再继续拖下去了。到了这个时候，黎露雨也没有闲心再去想那些可怕的事了。黎露雨和蒲祉永趁着休班，去了医院。

　　可是大夫说，孩子现在太大，已经不适合做流产。

大夫逼着黎露雨说出真实年龄后，说道：“你才十五岁，又是头胎，引产的话会有危险。如果实在想做手术，必须由你的监护人签字才行。”

“让爸爸妈妈签字，他们还不把我给打死啊！”黎露雨可不敢让爸爸妈妈知道这事。

好话都说尽了，可那个大夫就是不同意给她做引产手术。

九

从医院回来后，蒲祉永脾气变得很坏，动不动就跟黎露雨吵。有一次，因为黎露雨没烧水，蒲祉永还动手打了她。

黎露雨很难过，她越来越后悔跟蒲祉永在一起。可是，现在她怀孕了，如果离开他，她一个小女孩，又能怎么办？

黎露雨只能忍着。

为了不让别人看出来，黎露雨跟从前一样上班，下了班还要看蒲祉永的脸色。

黎露雨越来越想家，想爸爸妈妈，想弟弟，可她无法回家。厂里放假了，别的同事都高高兴兴地回家了，黎露雨却不敢回去，她怕妈妈看出来。

黎露雨越是怕肚子里的孩子长，孩子越是像吹气一样地长。黎露雨把旧被单撕得一条条的，把腰和肚子紧紧地缠起来。因为缠得太紧，她喘气都很困难。

黎露雨自己又咬着牙厚着脸皮去了一趟医院。这回接诊的换了另外一个大夫，黎露雨心里又存了一丝侥幸。

然而，这个大夫跟上次那个大夫说得一模一样。她也说月份太大了，黎露雨年龄又太小，不能做手术，怕有危险；如果实在要做，就让她的监护人过来签字。黎露雨很坚决地说："危险我不怕，出了什么事也不找你。我可以给你写个保证。"那个医生很奇怪地笑了一下，就喊了下一个号。下一个病号进来了，就再也没人理黎露雨了。

黎露雨从医院回到租住的房子，打开门，发现蒲祉永的被子不见了。当时，黎露雨以为屋子里进了小偷。她再仔细一看，少的都是蒲祉永的东西。待明白过来，黎露雨一下慌得跌倒在地上。

黎露雨掏出手机，拨了蒲祉永的电话，关机；再拨，还是关机。她坐在地上，不停地拨打那个号码，却始终是关机。

到了下午，黎露雨再拨过去的时候，那个号码已经停机了。

黎露雨不知道蒲祉永的家到底在哪里，也不知道他的真实年龄。跟他在一起生活了好几个月，黎露雨连他的身份证都没见过。她当时也没想到要看，即使想到了，也不一定能找得到。黎露雨平时跟蒲祉永联系，都是打他的手机。这下他的手机打不通了，黎露雨就不知道应该到哪里去找他了。

十

到了晚上，黎露雨还幻想着蒲祉永能突然推门进来，像以往下班回来一样。黎露雨想象着蒲祉永进门后说，只是跟她开了个玩笑。

　　然而，接连几天过去了，黎露雨再也没见过蒲祉永的影子。他以前的那个手机号码，也一直处于停机状态。

　　黎露雨重新搬回了厂里的宿舍。虽然快要生了，在宿舍里住很不方便，但她实在没办法一个人在那间小屋里待下去。

　　那天上完小夜班，黎露雨感觉特别累。回到宿舍，她直接就躺下了。到了后半夜，她觉得肚子疼。开始的时候，黎露雨也不知道要生了，她跳下床，跑到了楼道里的洗手间。刚进洗手间的门，黎露雨就疼得站不住了，她扶着墙，一步一步往前挪。

　　那天晚上，黎露雨以为自己快死了。她特别想妈妈，她想哭，可又不敢出声，怕被工友们听到。

　　孩子终于生下来了，是个男婴。他不停地哭，声音很响。黎露雨怕被别人听到，就用手使劲捂住他的嘴。他蹬着腿，还是不停地哭。黎露雨慌忙把洗手间的门关上了。可是总关着门也不行啊，万一有人来了怎么办？黎露雨很害怕。她想：万一被老板知道了，厂里肯定不要她了。那时，老乡们也就都知道了。在这个厂里，她们村里就有不少人呢。之后，爸爸妈妈肯定也就知道了，他们不打死她才怪呢。

　　怎么办？黎露雨急得团团转，却想不出一点办法来。

　　这时，黎露雨一眼看见了洗手间门口的垃圾桶。黎露雨想也没想，就把那个男婴从地上提起来扔了进去，然后盖上了垃圾桶的盖子。黎露雨呆呆地站在垃圾桶跟前，时间不长，垃圾桶里就渐渐地没有了动静。

　　黎露雨打开水龙头，洗净身上的血，然后扶着墙，慢慢地走回了宿舍。

<h1 style="text-align:center">十一</h1>

早晨，黎露雨还在似睡非睡的梦中，就听到了楼道里的尖叫声和吵嚷声。她没睁眼，也没去想是什么事，继续闭着眼睡觉。她觉得特别累，也特别困，眼睛想睁也睁不开。耳边似乎还有警车的鸣叫声，越来越近。

黎露雨继续睡觉，根本就没去想外边到底出了什么事。

直到两位女警出现在黎露雨面前，大声问她是不是黎露雨时，她才醒了过来。

听到门口那些工友们的议论，黎露雨眼前仿佛有亮光闪了一下，她突然记起了昨天晚上发生的事。

黎露雨被两位女警带上了警车。

黎露雨的爸爸妈妈都来了。她从来没见妈妈那么悲痛地哭过。爸爸也哭了。他们都说不该让黎露雨那么早就离开学校，更不该让她这么小就独自外出打工。

庭后絮语：

《中华人民共和国刑法》第二百三十二条规定：故意杀人的，处死刑、无期徒刑或者十年以上有期徒刑；情节较轻的，处三年以上十年以下有期徒刑。

《中华人民共和国刑法》第四十九条规定：犯罪的时候不满十八周岁的人和审判的时候怀孕的妇女，不适用死刑。

像黎露雨这样的花季女孩，本应在家庭中享受父母的关爱与呵护，坐在温暖的教室里学知识、学文化，与同学友好相处，由老师教导、指引。然而，只有十五岁的黎露雨，却成了一名杀人犯，被押到被告席上。这是我们每个人都不想看到的，但现实又是如此残酷。

我在山东省未成年犯管教所和山东省女子监狱采访期间，接触到类似的案例不止一两件。这些女孩本来是受害者，但因为她们的无知，却成了害人者。事情发生后，因为知识、阅历等方面的欠缺，她们不知道该如何去处理，也不懂得去寻求亲人朋友的帮助。在巨大的压力和恐慌下，她们的应激反应，大多是让那个使她们恐慌、惧怕的东西尽快消失掉。她们想不到后果，甚至那个被称作"后果"的东西是什么，她们都不曾想过，就轻易地迈出了那关键性的一步。也正因为如此，她们由受害者一下变成了害人者，走上了犯罪的道路。

在黎露雨这个案件中，其父母重男轻女的思想，以及对子女教育的偏颇认识等方面的问题，一定程度上致使她在十三岁时就辍学在家。黎露雨想离家外出打工时，父母没有因为女儿是未成年人而阻止她，这也为黎露雨被骗埋下了祸根。

年幼的黎露雨，在各方面知识都欠缺的情况下，匆忙地走进了她并不了解的成人社会。有几次，黎露雨后悔离开了学校，但是由于所谓的"面子"等原因，她并没有返回学校继续自己的学业。也就是说，黎露雨在错误的道路上一错再错。

如果黎露雨在意识到应该回到学校的时候，及时回到学校，在意识到被骗的时候，能勇敢地寻求帮助，也许悲剧就不会发生了。

　　有一句话很实在，也很实用：你在哪个年纪，就该做好这个年纪应该做的事。像黎露雨这样大的孩子应该做的，就是在明亮的教室里认真读书，而不是过早地进入社会。年轻的孩子们往往以为自己什么都懂，其实，成人的世界，他们并不懂。

奕苍猛档案：

奕苍猛，男，身高1.71米左右，初中文化，因犯故意杀人罪，被逮捕。案发时，奕苍猛16岁零8个月。

金色苹果6S

关键词：

辍学　抢劫　杀人

案件回放：

因没钱被网吧老板赶出门的奕苍猛，在街上游荡。走到一座小房子跟前，想偷点东西换钱的奕苍猛，突然发现了女孩靖希希放在床上的苹果手机。奕苍猛打起了这部手机的主意，但靖希希无论如何也不让奕苍猛拿走她的手机，她一边与奕苍猛抢夺手机，一边大声呼喊。撕扯中，奕苍猛看到了放在餐厅里案板上的菜刀。眨眼间，女孩靖希希倒在了奕苍猛的刀下。

奕苍猛被起诉，走进了法院的少年犯审判庭，坐在了被告席上。

一

如果没有那天的意外发生，暑假后，靖希希就应该读初一了。

靖希希是一个喜欢读书也喜欢上学的孩子。绝大多数这个年龄的孩子都盼着学校放假，虽然放了假也有这样那样的作业和各种名目繁多的补习班，并不一定比上学时轻松多少，但放了假总归是自由一点。

不过靖希希不一样。在别的同学数着还有多少天放假的时候，靖希希心里其实是不安的，她不愿意放假。学校刚放假，靖希希就开始一天天计算着开学的时间，盼着发新书，盼着发新校服。好多孩子对校服总是各种不喜欢，能不穿就不穿；靖希希却对校服珍爱有加，校服在她眼里好过任何一件别的衣服。就连周末和节假日，靖希希也喜欢穿校服。

靖希希不仅学习成绩好，而且天生一副好嗓子。从电视上听过的歌曲，只听一遍，靖希希就会唱了，而且唱得非常好听。村里的人都说："这丫头，长大了能成歌星呢！"

靖希希的奶奶说，希希一直盼着上初中，到时候她就可以住校了。靖希希对住集体宿舍、吃学校食堂等这个年龄段大多数孩子都有些抗拒的事，也一直很向往。

靖希希小时候一直在农村老家跟奶奶一起过。"妈妈"这两个字，对靖希希来说有些陌生。在她的记忆中，妈妈就没在她的生活中出现过。有一次，从奶奶和姑姑

圆桌对面的孩子·迷雾中的女孩

137

的聊天中，靖希希偷偷听到过关于妈妈的消息：妈妈嫌爸爸穷、没本事，跟爸爸离了婚，嫁给了工厂的一个主管。那个主管是南方人，后来妈妈跟那个男人去了南方，再也没回来。

靖希希的爸爸一直在外地打工，平时很少回来。靖希希上三年级那年，爸爸回来了。跟爸爸一起回来的，还有靖希希的后妈，一个比爸爸小将近十岁的女人。

靖希希的爸爸和后妈回到老家后，在城乡接合部租了两间小平房。房子没有院墙，与周围邻居隔得远，但房租便宜。

靖希希的爸爸和后妈同在县城附近的一家制革厂上班。他们都很忙，每天天不亮就起床，晚上天黑透了才回来。听说他们那个厂是两班倒，工人每天在车间工作超过十二个小时。因为拿的是计件工资，所以没有特殊情况，星期天和节假日他们也不休班。

爸爸妈妈每天回到家，累得连话都懒得说。一家三口，极少有时间聊天，即便是简单的问答，也少得可怜。靖希希体谅爸爸妈妈，每天晚上放学后，都先做完作业，再把饭做好。爸爸妈妈下班回来后，就不用再忙着做饭了。

亲友们都夸靖希希懂事。

二

靖希希的后妈对她也还好，从没打骂过她，逢年过节，还会主动给靖希希买新衣服。

后妈跟别人倒是有说有笑的，但很少跟靖希希说话。

靖希希考了班里第一，后妈也不说表扬她的话。靖希希有时做错了什么事或说错了什么话，后妈也不批评她。

靖希希的奶奶和邻居家的婶娘们都说靖希希有福，没遇到打骂虐待她的后妈。靖希希邻居家小妹妹的后妈经常不给小妹妹吃饭，动不动就打骂她，变着法折磨她。原本有一张灵巧小嘴的小妹妹，有了后妈不到一年，就变成了一个不爱说话的哑巴。小妹妹那双灵动的眸子，也变得呆滞，经常愣愣地盯着某个地方，半天都不转一下。

四年级寒假结束后，靖希希离开老家，跟随爸爸和后妈来到了县城。靖希希读书的那所小学是新建成的一所打工子弟小学，离家很近。从靖希希家租住的房子到学校，步行也就二十来分钟。

每天放学的时候，校门口被挤得水泄不通，那些爷爷奶奶姥姥姥爷爸爸妈妈们，伸长了脖子，瞪大了眼睛，盯着校门口的队伍，生怕错过了自家的孩子。

靖希希从来没有被人接送过。第一天去新学校前，爸爸给了她一把钥匙。从那天起，上学的时间到了，靖希希就一个人去学校；放了学，她也不用跟别的同学一样东张西望地找家长，独自顺着路边的人行道，不一会儿就到了自家租住的小房子门口。

靖希希家租住的房子共有两小间，里边的一小间爸爸妈妈住；冲门的一小间，前半部分算是厨房兼餐厅，放了一套简易炉灶、一个掉光了油漆的小桌。平时，菜刀案板等做饭要用的东西就放在那张小桌上。吃饭的时候，收起桌上的东西，打开摞在一起的三只塑料小凳子，放在小桌的周围，那张小桌就变成了一家三口的餐桌。小房间的后半部分，放着一张窄窄的单人床，到了晚上，靖希希就在那张小床上睡觉。

小床的旁边，另有一张又窄又短的单人小桌子，靖希希放了学，就坐在床头，趴在那个小桌子上写作业。

三

来县城读书前，靖希希对自己是否离开老家，离开爷爷奶奶，心里有些犹豫。

自从叔叔家有了小宝，奶奶的主要精力就转移到了小宝身上。小宝很淘气，稍不顺心，扬手就打奶奶。小宝也打靖希希，但靖希希不敢还手。有一次，小宝抓住靖希希的头发，拼命地扯，把靖希希的眼泪都扯出来了。靖希希忍不住扬起手，巴掌落在小宝的手腕上。小宝哭着在地上打滚。闻声跑过来的婶婶，一把扯住靖希希，逼问她为什么欺负弟弟。靖希希哭着辩解，婶婶好像根本没听见，恶狠狠地盯着靖希希，劈头盖脸地骂个没完。直到奶奶过来，婶婶才松开手。婶婶说，下次再看到靖希希欺负小宝，决不饶她。

靖希希心里委屈得要命。明明是小宝欺负她，婶婶却说是她欺负小宝。

奶奶也不敢说什么，说多了，婶婶连奶奶都骂。

后妈不打她不骂她，但靖希希觉得跟后妈之间像是隔着点什么，到底是什么，她也说不清。她不愿跟后妈生活在同一个屋檐下。爸爸说奶奶年纪大了，还要照顾小宝，没有更多的精力照顾她。爸爸这几年不在家，靖

希希都是由奶奶照顾的。现在爸爸回来了，再不把靖希希接到身边，于情于理都说不过去。

村里经济条件好的人家，都送孩子到县城的寄宿学校去读书。靖希希班上就有好几个同学先后去了县城的学校。

靖希希也想不明白到底是在老家更好一些，还是去县城更好一些。当爸爸把入学手续办好，接她去县城的时候，靖希希没有觉得特别高兴，也没有觉得离开老家有多么不舍。

那件事情发生后，靖希希的奶奶哭倒在小房子门口的泥地上。奶奶边哭边说："早知道这样，还不如让希希在老家上学。希希不来城里，就不会发生这样的事了。那天她给我打电话，还说写完了作业，就回老家陪我几天。我苦命的孩子啊！"

靖希希奶奶的哭诉，让看到报道的电视观众无不落泪。是啊，靖希希才十二岁多一点，正是花一样的年纪，谁能想到竟会遭遇如此不测呢。

案发现场凌乱不堪，枕头、书包、靖希希的拖鞋、断了柄的炒锅、碎成几瓣的手机，还有那把沾满了鲜血的菜刀，散落在小房间的地上。

通过调取小房子周围的监控和各种侦查，警方很快锁定了犯罪嫌疑人，并向社会征集线索。从警方公布的嫌疑人背影来看，匆忙逃离现场的那个人，应该是一个不到二十岁的年轻人。

四

公安干警奋战 72 小时，犯罪嫌疑人最终落网。经检察机关核实，制造这起骇人命案的罪犯，是年仅十六岁的男孩奕苍猛。

公诉机关出具的资料显示，奕苍猛，男性，汉族，生于 2000 年 1 月，初中文化，住本县某镇某村。2016 年 5 月辍学，无业。同年 8 月 20 日，没钱上网的奕苍猛，游荡至县城某居民居住地，意欲盗窃时，隔窗发现了被害人靖希希的苹果手机，遂产生抢劫念头。在争夺中，被害人靖希希死死抓住手机不放，并大声呼救。

最终，靖希希没能夺得过奕苍猛，那部手机被奕苍猛抢到了手中。

但靖希希并没有放他走，她拿起放在炉子上的炒锅，抢在被门槛绊了一下的奕苍猛前头，拦住了他的去路。靖希希对着奕苍猛举起手上的炒锅，大喊着让奕苍猛把手机还给她。

正常情况下，靖希希肯定不是奕苍猛的对手，但那天奕苍猛上了一夜网，又没吃饭，再加上有点心虚，被靖希希不依不饶地缠着，一直脱不了身。靖希希的喊叫，让奕苍猛又气又怕。当靖希希再一次喊叫着抢起手中的炒锅，意欲让奕苍猛放下手机的时候，失控的奕苍猛瞄到了案板上的菜刀。他冲过去，把菜刀抓在手上，冲着靖希希挥舞起来。

奕苍猛以为靖希希会退缩，但是他再一次判断失误。靖希希继续挥动着手上的炒锅，大声喊叫求救。

慌乱中，奕苍猛朝着靖希希抡起了手中的菜刀。

看到倒在地上的靖希希，奕苍猛仓皇逃离现场。

直到晚上，靖希希的爸爸妈妈下班回到家，才发现女儿早已停止了呼吸。

五

据奕苍猛交代，因为没钱，网吧老板把他赶了出来。他已经在那个网吧里待了好几天，具体是几天他自己也说不清。在那里，他困了就靠在沙发上睡一会儿，醒了继续玩游戏；饿了就随便买些面包、火腿肠、方便面之类的食品充饥。

奕苍猛在街上漫无目的地走着，肚子不停地咕咕叫，昨天晚上他就没饭吃了。到了夜里，他也不知道住在哪里。他想到了家，想到了妈妈，想到了家里的床和妈妈做的饭菜。此时，这一切都强烈地吸引着他。但是，他不想回家。想到那个把他的手机摔在地上的人，他就不想回家了。

那个摔他手机的人，就是奕苍猛的爸爸。

奕苍猛的爸爸在南方打工，过年的时候才回家来待几天。爸爸脾气很大，动不动就大吼大叫。他在家的时候，连爷爷奶奶说话都要小心，更不要说奕苍猛和妈妈了。在爸爸面前，奕苍猛自然不敢说半个"不"字。爸爸不喝酒的时候还好一些，一旦喝了酒，家里人都躲着他，没人敢跟他说话。爸爸在家的那些日子，奕苍猛总是胆战心惊，生怕一不小心就被爸爸骂或打。

虽然爸爸每年就在家待那么几天，但他们家的饭碗和水杯不知被他摔碎了多少。

别人家都是盼着过年团聚，盼着远方的亲人回家，而奕苍猛却对过年有一种说不出的恐惧。小的时候，看到别的同学跟爸爸在一起，奕苍猛偶尔也会想爸爸。想到爸爸曾经给他买过玩具，给他买过好吃的，他的心里就充满了温暖。随着年龄的增长，奕苍猛对爸爸的感情越来越淡，想到爸爸的时候，他的脑海中浮现的，都是爸爸喝酒、骂人、打人的场景。

妈妈从来不舍得打他一下。爷爷奶奶也是一样。妈妈不允许奕苍猛做的事，只要他一再坚持，妈妈最后也就妥协了。

他想买一部手机的时候，也不例外。

六

奕苍猛想买手机的时候，才读小学三年级。

班上有个同学把妈妈的手机偷偷带到了学校，他们跑到操场后边的空地上，聚在一起玩手机游戏。放学铃声响了，他们也没听到。直到玩得手机没电自动关机了，他们才恋恋不舍地往家走。

奕苍猛从此喜欢上了手机。他先是隔三岔五地把妈妈的手机带到学校去玩。妈妈知道了，说他几句，他只当没听见。后来，他觉得用妈妈的手机实在不方便，就念叨着让妈妈给他买一部手机。

一开始，妈妈坚决不同意。妈妈说："你才上三年级，要手机干啥？你想打电话了，就用我的手机打。"

奕苍猛冲妈妈撇了撇嘴："谁说手机只能用来打电

话，我要手机有用，才不用你的手机呢。"

不管奕苍猛怎么说，妈妈就是不同意给他买手机。

奕苍猛无奈，就把妈妈的手机当成了自己的，一天到晚地拿着，再也不还给妈妈。

爸爸的电话，姥姥姥爷的电话，妈妈都接不到。有一次爸爸打电话质问妈妈，为什么总是不接电话。妈妈不敢跟他说手机在奕苍猛手上，要是说了，爸爸肯定会骂妈妈没管好奕苍猛。

后来，妈妈跟奕苍猛商量，白天奕苍猛上课，也没时间玩手机，手机就由妈妈拿着；晚上放了学到第二天早晨上学前，手机归奕苍猛，因为这个时间段奕苍猛在家，爸爸再打来电话的时候，妈妈就不会漏接了。

不过奕苍猛不同意，他知道妈妈拗不过他。正如奕苍猛所料，妈妈最终给他买了一部手机。

新手机到手，学习成绩本来就不好的奕苍猛，更是把主要精力全用在了玩游戏上。他常常忘了是在学校，忘了正在上课，经常因为上课玩游戏被老师抓住。

奕苍猛不愿意被老师罚站，更不愿意被叫家长。在学校里，反正他也没心思学习，于是，差几个月就要初中毕业的奕苍猛，背着爸爸妈妈，选择了辍学。

七

以靖希希的家庭条件，她不可能有自己的手机，而且还是一部苹果手机。

靖希希的爸爸妈妈虽然工资不低，但他们还要付房租。他们想攒够了首付，在县城边上买一套小房子，总

不能一直租房子吧。靖希希的后妈和爸爸为了房子的事，常常争吵。

靖希希得到这部手机，有点偶然。

暑假前的一个周末，靖希希的奶奶过生日，家里来了很多亲戚，在外地工作的堂姐也回来给奶奶祝寿。堂姐大学毕业后在省城工作，平时很少回来。堂姐这回带着男朋友一起回来了。

靖希希很喜欢堂姐，在心里把堂姐当作榜样。她想好好学习，然后像堂姐一样，考上大学，到省城工作。

吃完饭，堂姐和男朋友想回省城，刚走到大门口，发生了一个小插曲。堂姐接了一个电话，邻居家的孩子正好跑过来，不小心撞到了堂姐身上。堂姐手上的手机飞出去，摔在了院门口的一堆碎砖头上。堂姐跑过去捡起手机，发现通话还没断，只是手机外壳上多了一道细细的划痕。

堂姐用手抚摸着手机外壳，很心疼的样子。

靖希希跑过来，仰起头看着堂姐。那么漂亮的手机划了一道印子，靖希希也心疼。

堂姐的男朋友快步走过来，从堂姐手中拿过手机看了看说："正好我给你买了一部新的，就在车里，本来想回去给你呢，现在提前用上吧。大屏，玫瑰金色的，很漂亮。"他看了一眼身旁的靖希希，对堂姐说："要不，这部就送给希希用吧？"

堂姐微笑着，冲男朋友点了点头，就把手上的这部手机朝希希递了过来。

靖希希从来没想到自己会有手机，而且还是一部苹果手机！

"我……我也不给谁打电话。"靖希希推了一下堂姐拿手机的那只手。

"姐姐给你，就拿着吧。"堂姐的男朋友说。

堂姐拉过靖希希的手，把那部手机放在了她的手上。

靖希希双手颤抖着，接过了堂姐手上的手机。

靖希希从来不玩手机游戏，她觉得那些不爱学习的人才爱玩手机。除了给奶奶打电话，靖希希平时也没什么电话可打。给奶奶打电话的时候，她用爸爸的手机，靖希希从来没觉得用爸爸的手机打电话有什么不方便。

"想姐姐的时候，就给姐姐打电话。"堂姐说。

靖希希笑着点了点头。

<h1 style="text-align:center">八</h1>

离开学校的奕苍猛，对游戏更加痴迷。

不用上学了，又没有别的事情可做，他每天睁开眼就玩游戏，除非饿了或实在太困了，才暂时把手机放下。晚上，他往往玩着玩着就玩到了第二天的早上。刚离开学校的时候，奕苍猛有时还跟家里人一起吃饭。后来，他玩得根本不知道白天黑夜了，什么时候饿了，就自己找点东西吃。白天，他基本上是在睡梦中；到了晚上，家里人都睡了，他才对着手机打游戏。

奕苍猛过着晨昏颠倒的日子，家里人几天都见不到他的面。一开始妈妈还喊他起床吃饭，后来妈妈觉得喊也是白喊，再吃饭的时候，也就由他睡，不再喊他了。

最后，爸爸还是知道了奕苍猛辍学的事，他在电话里把妈妈和奕苍猛骂了个狗血喷头。

奕苍猛的爸爸虽然脾气不好，但一直希望奕苍猛能好好学习，将来考上大学，不要像他一样，因为没有文化，只能在建筑工地上或工厂的流水线上做苦工。

无数次在电话里吵骂后，有一天，奕苍猛的爸爸突然回来了。以往，他总是在过节的时候才回来，这回不是节日，家里也没什么大事发生，奕苍猛的爸爸却回来了。

奕苍猛的爸爸回来，是想让奕苍猛继续回学校读书。他先是骂奕苍猛的妈妈没有把奕苍猛管好，又骂奕苍猛不知道好好学习，不知道体谅大人的难处。

对爸爸的吵骂，奕苍猛心里很不服。他觉得爸爸平时不回来，不管他，现在他退学了，又跑回来逼他去学校了。他壮起胆子，跟爸爸顶了几句。爸爸一气之下，夺过他的手机，猛地摔到了地上。

看着一地的碎片，奕苍猛推开爸爸，含泪朝门外跑去。

从那之后，他再也没有回家。

九

靖希希对那部苹果手机珍爱有加。长这么大，她还从来没用过超过一百块钱的东西。那部手机，靖希希很少用。

想奶奶的时候，她给奶奶打过两次电话。

曾经有几次，她想给堂姐打电话。靖希希记得堂姐送她手机时说过的话："想姐姐的时候，就给姐姐打电话。"有好几次，她真的想堂姐了。她拿出手机，找出堂姐的号码，却没有拨出去。白天，她怕堂姐在单位忙着工作，不方便接听电话；到了晚上，她又怕堂姐跟男朋友在一起，也不方便听接电话。靖希希想，等过节的时候吧，过节的时候姐姐也许会回来，她正好可以打电话问问姐姐哪天回来。

有时写完作业，靖希希就从枕头边拿过手机，把包裹手机的花手绢轻轻打开，将手机托在手心里，翻过来倒过去地瞅。

虽然没有人打电话过来，但靖希希却从来不让手机停电。每次看到电量只剩下一个格的时候，靖希希就把手机电池充满。

谁都没想到，为了一部旧手机，那个刚刚辍学不久的男孩奕苍猛，竟然害死了花一样的乖巧女孩靖希希，同时也害了他自己。

十

那天，我去移动营业厅改一个套餐。等待的间隙，我绕着营业厅中间的手机柜台随便转了转。一部手机吸引了我的目光，我不由得在它面前停住了脚步。

那是一部 4.7 英寸的苹果 6S，漂亮的金色外壳，超薄机身，价签上标注的价格是 3488 元。

当时，靖希希手上拿的，正是这样一部手机，她有生之年得到的最贵重的礼物——那部有些磨损的二手苹果手机。

在检察机关出具的物证中，那部沾着血迹的手机被放在一只透明密封袋中。其实，那只是一堆手机零件。在抢夺中，那部手机已被摔得支离破碎，完全失去了原来的样子。

为了夺回这部手机，刚过完十二岁生日的女孩靖希希付出了生命的代价。

为了抢夺这部手机，刚刚辍学不久的十六岁男孩奕苍猛，因故意杀人罪，被逮捕审判。等待他的，将是法律的严惩。

庭后絮语：

庭审结束后，我的心情久久难以平静，这样的悲剧实在不应该发生。两个花儿一样的少年，一个十六岁，另一个只有十二岁。

十六岁男孩奕苍猛，在本该接受教育的年龄，却过早地离开学校，步入了社会。在社会上，他找不到自己的位置。他迷惘，不知所措，随波逐流，最后走上了犯罪的道路。

纵观少年犯罪案例，有不少青少年走的都是跟奕苍猛差不多的路子。当然，他们并不是都成了杀人犯。不过，他们却也犯了这样那样的错误。他们的一个共同之处，就是在本该待在学校的日子里，过早地进入了社会。

奕苍猛过早辍学，以及之后的夜不归宿等问题，在一定程度上，与其父母的教育方式有很大的关系。

奕苍猛的爸爸脾气暴躁，稍不如意，就对他非打即骂。他不懂得如何管教孩子，也不懂得管理个人情绪。这导致了父子间不交流、不沟通。奕苍猛甚至都怕见到爸爸。

而奕苍猛的妈妈则正好相反，她一味地溺爱奕苍猛，对他提出的不合理要求，也会给予满足。比如买手机，就是一个很好的例子。如果她能说服教导奕苍猛，平心静气地给他指出沉迷手机游戏的危害，奕苍猛也许就不会辍学。

当然，在这个案件中，被告奕苍猛自身存在的问题更明显。他不爱学习，喜欢玩，而且毫无节制；执意要买手机，把手机带到学校，在课堂上玩；自作主张离开学校，在网吧里接连几天不回家；等等。这一切，都是造成奕苍猛走上犯罪道路的不容忽视的原因。

被害者靖希希，是一个爱学习的好孩子。她的命运有些不幸，在她需要母爱的时候，不负责任的妈妈丢下她去了南方。年迈的奶奶虽然很疼爱靖希希，但是任何人的爱都无法替代母爱。母爱会给孩子幼小的心灵以滋养，在潜移默化中给予孩子前进的动力。同时，母爱也会在生活中给予孩子诸多教导与指引，让他们知道什么应该做、什么不应该做，遇到沟坎如何跨越，遇到危险如何避免。

本案中的靖希希，就是因为缺少这方面的引导和教育，才酿成了这样的悲剧。

如果靖希希从小就培养了很强的安全意识，她就不会一个人在家时为了凉快而把门窗敞开；如果靖希希接受过更多安全方面的教育，她就会知道，在面临危险时，应该选择保护生命而不是保护财产。

平时在学校一贯成绩优秀的靖希希，在关键时刻，却因为欠缺各方面的知识，而做出了错误的选择。生命已逝，无法更改。作为成年人的我们，只希望年轻的孩子们在遇到重大问题时，能做出正确的选择，而不是像靖希希那样，用宝贵的生命去保护那部二手手机。

《中华人民共和国刑法》第二百三十二条规定：故意杀人的，处死刑、无期徒刑或者十年以上有期徒刑；情节较轻的，处三年以上十年以下有期徒刑。

《中华人民共和国刑法》第四十九条规定：犯罪的时候不满十八周岁的人和审判的时候怀孕的妇女，不适用死刑。

靖希希已经走了，她才只有十二岁。奕苍猛也将被判刑。

回首曾经发生的一切，被戴上手铐脚镣的奕苍猛，是否会重新审视自己走过的路？

如果能重新开始，他是否还会选择无节制地玩游戏，从而离开学校，过早地步入社会呢？

后 记

青春是危险的，它特别容易被煽动，打着正义的旗号伤害他人。

——维克多·雨果

出生的时候，你们都是天使！挥舞着翅膀，你们来到了人世。父母亲人从你璀璨如星辰般的眸子里，看到了未来，看到了光明，看到了希望。

可是孩子，你是在哪一段路上，跌了一跤呢？

是因为无知？

是因为任性？

是因为冲动？

是因为父母师长以爱的名义让你感到的被欺骗被伤害？

是因为缺少了必要的指导与呵护？

还是别的更多更复杂的因素？

是什么，蒙蔽了你的双眼，让你看不清前进的方向。

一时的迷失，使你找不到回家的路。

曾经，你成了折翼的天使。

　　孩子，不论是哪种原因让你跌倒了，希望你能坚强，能咬牙爬起来，抹净脸上的泪水，拍打掉身上的泥土，从头再来，重新开始。

　　亲爱的孩子，可怕的不是伤痛，只要你有决心，有毅力，你一定能重新起飞，在蔚蓝的天空，寻找你曾经失去的梦、失去的爱和失去的自己。

　　这需要你的坚强、你的毅力、你的决心和你的勇气。

　　人生的路有坎坷有泥泞，爱你的人们不希望你再次跌倒哦，孩子！

　　任何的伤痛，都会痊愈的——只要你正视自己，正视人生，正视面前的路！

　　许多年后，当你也有了自己的孩子，当你面对着那双同样璀璨如星辰般的眸子的时候，我希望你能大声并自豪地对他（她）说：

　　宝贝，你的父亲（母亲）曾经跌倒过。但是，我站起来了！宝贝，我可以无愧地说，我不是一个让你失望的父亲（母亲）！

　　　　　　　　　　　　　（书中所有未成年人均为化名）